쪽지종례

맛있는 학교생활을 위한 다정한 레시피

쪽지종례

이경준 지음

푸른향기
Prunyard Publishing Co

일주일치 관심 한 장

학생들에게 개인적으로 편지를 써서 건넸던 것은 처음 담임을 맡았을 때였다. 고등학교 3학년 학생들이었다. 담임 업무도 처음인데다, 고3 수험생을 챙겨야 한다는 부담감에 정신없이 1년을 보냈다. 대학 입시가 그럭저럭 끝난 뒤, 겨울방학 동안에 학생들을 떠나보낼 마음 준비를 했다. 졸업하는 첫 제자들에게 어떤 도움을 줄 수 있을지를 고민하다가 편지를 써야겠다고 생각했다. 그리고 졸업하는 날 아침 일찍 출근해서 각자의 졸업 앨범 앞에 편지를 꽂아 두었다. 활발하기만 했던 한 학생이 편지를 발견하고는 놀란 표정으로 읽으며 눈물을 흘리고 있었다. 그때 나는 확신했다. 학생들이 싫어한 것은 잔소리지, 담임교사의 관심이 아니었다는 것을.

다음에 담임을 맡게 되면 학생들에게 짧은 편지를 써서 종례를 해봐야겠다고 생각했다. 다음 해에 나는 다른 지역으로 전근을 갔고, 중학교 3학년 학급의 담임을 맡았다. 고민이 많았다. 옮겨온 중학교에 아직 적응이 되지 않는데, 학생들의 생활습관도 바로

잡아야 했고, 학사일정과 평가 내용도 전달해야 했다. 금요일 종
례시간이 가장 버거운 시간이었다. 학생들은 오후에 친구들끼리
놀 계획을 짜느라 웅성거렸다. 처음 몇 주 동안에는 나눠준 A4 쪽
지종례가 비행기로 고이 접혀 날아다녔다.

　야단을 치거나 조용해질 때까지 종례를 끝내지 않는 방법을 써
보기도 했다. 효과는 있었다. 하지만 한 주의 마지막을 그렇게 끝
내고 싶지 않았다. 포기하지 않고 계속 썼다. 몇몇 학생들이 쪽지
종례를 파일에 차곡차곡 모으는 모습을 봤다. 그렇게 시간이 지
나고 졸업하는 날이 왔다. 한 학생이 1년 동안 받은 쪽지종례를
읽고, 마음에 남았던 문장을 캘리그라피로 만들어서 내게 선물했
다. 나 혼자 일방적으로 쏟아낸 마음이 아니었다는 걸 확인하고
안도감과 뿌듯함에 심장이 뻐근했다.

　이 책에 담긴 글들은 3월 개학 당일부터 학년 말까지 매주 금
요일에 작성한 것이다. 한 주 동안 담임교사의 입장에서 학생들
의 생활 모습을 관찰한 뒤에, 해주고 싶은 말을 형식에 구애받지

않고 썼다. 특별한 일을 겪은 학생에게 보낸 개인적인 편지, 특별한 사건을 겪은 뒤에 쓴 일지, 학부모님께 보내는 가정통신문도 일부 담았다.

쪽지종례를 쓸 때, 부르는 말을 고민했다. 교사와 학생이라는 수직적 관계가 아닌, 수평적 관계에서 말을 걸고 싶었다. 그리고 학생들 개인에게 써준 편지와 같은 느낌을 갖게 하고 싶었다. 그래서 교사인 나를 부르는 말은 '나', 학생을 부르는 말은 '너'라고 썼다. 교사가 교실에 앉아 있는 학생들을 하나의 '학생 덩어리(mass)'로 보는 게 아니라, 독특한 개성을 가진 각각의 인격체로 보고 있다는 느낌을 주고 싶었다.

쪽지종례는 지금도 계속되고 있다. 매주 금요일, 수업이 없는 한 시간을 비워서 학생들에게 보내는 A4 한 장짜리 편지를 쓴다. SNS와 유튜브 같이 호흡이 짧은 매체가 요즘 학생들에게 가장 가깝다. 하지만 적어도 매주 한 번, 쪽지종례를 통해 학생들이 읽는 즐거움을 느꼈으면 좋겠다. 그 덕분인지 모르겠지만, 금요일

종례시간이 차분해졌다.

　이 책이 종례시간에 어떤 말을 하면 좋을지 고민하는 후배 선생님들께 나의 책이 작은 도움이 되면 좋겠다. 떠오르는 학생들이 있다. 쪽지종례를 받을 때마다 깊이 읽고, 차곡차곡 모았던 학생들. 지금까지 쪽지종례를 이어갈 힘과 용기를 그 제자들에게서 얻었다. 고맙다는 말을 전하고 싶다. 글을 읽으며 차분하게 마무리하는 금요일 종례시간의 평화로움이 나는 참 좋았다.

2019년 이경준

고등학교 1학년 6반에게

1부

중학교
3학년 4반에게

첫인사

개학하고 이틀, 적응하느라 힘들지? 사실 나도 많이 어색해서 어제, 오늘이 어떻게 지나가는지 모르겠더라. 어제는 날이 궂어서 기분도 찜찜했는데, 오늘은 날이 맑아서 그래도 기운이 난다. 어제 얘기했던 대로, 금요일마다 쪽지로 종례를 할 거야. 그러면 종례시간도 많이 줄고, 집에도 일찍 갈 수 있겠지? 이 쪽지종례는 어제 나눠준 투명 파일에 모아두렴. 개별적으로 건네는 쪽지도 있을 수 있겠지만, 우리 반 모두에게 보내는 담임의 편지로 보관해두면 좋겠어.

우리 반 학생 하나하나 빠짐없이 다 챙겨주고 싶지만, 나도 이곳이 아직 낯설어서 새로 이사 온 집 같거든. 새집에 적응할 시간이 좀 지나면, 한 사람, 한 사람에게 더 마음을 쓸 수 있을 거야. 조금만 기다려주길 바라.

자기소개서랑 설문지를 바로 작성해줘서 고마워. 주말 동안 소미부터 영석이까지 써준 자기소개서를 천천히 읽고 상상해볼게. 앞으로 1년 동안 내가 어떻게 도와줄 수 있는지 생각해볼게. 상담은 다음 주 월요일부터 아침시간, 쉬는 시간, 종례시간에 틈틈이 해보자.

다음 주까지는 임시로 운영되는 게 꽤 많을 거야. 시간표도 아직 확정이 아니고, 사물함 이름표도 정리되지 않았고. 1인 1역이 아직 익숙지 않은 사람도 있는 것 같고. 다음 한 주가 지나면, 우리 반 분위기도 안정되겠지?

올 한 해를 잘 마무리해서, 각자 원하는 학교로 진학했으면 좋겠다. 내 바람은 4반 친구들이 모두 원만하게 지내고, 행복한 기억을 많이 만든 뒤에 졸업하는 것.

부탁이 있어.

다음 주에는 4인~5인 모둠을 구성해서 생활할 거야. 각 모둠별로 노트 한 권씩 줄게. 각 모둠에서 규칙을 정하렴. 한 명이 계속 담당해서 써도 되고, 매일 돌아가면서 써도 되는 노트야. 내용은 뭐든 괜찮아. 아팠다, 영화를 보다가 슬퍼졌다, 수업 시간에 열심히 했다 등등. 이틀에 한 번씩 하루는 홀수 모둠, 다음 날은 짝수 모둠이 제출해줘. 그럼 내가 읽고 댓글을 달게. 즐거운 주말 보내고, 월요일에 보자.

나는 네가 궁금해

벌써 일주일이 지났다. 솔직히 고백하자면, 아직 이름은 다 기억하지 못하겠어. NEIS(교육행정정보시스템, 나이스)에 올라와 있는 사진은 네가 중학교 입학할 때 찍은 사진이라, 지금 모습이랑 정말 많이 다르더라. (쪼끄만 애기들이 이렇게 컸네! 하고 보는 재미가 있었어.) 그래도 이제 한 주. 조·종례시간에 만나고, 수업 시간에 보면서 얼굴은 많이 익숙해진 듯해. 네가 다른 반 친구들과 섞여 있어도 "얘, 걔, 쟤가 우리 반!"이라고 말할 수 있겠어. 얼굴과 이름을 빨리 기억해볼게. 잘 모른다고 너무 서운해 하지 말아주렴.

볕이 좋다. 이제 낮에는 더운 공기가 느껴지더라. 겨울이 가면 봄이 오고, 곧 여름이 와서 땀을 흠뻑 흘릴 테고. 가을이 지나면 많은 고민을 하다가, 행복한 겨울을 맞을 거야. 3학년의 오롯한 첫 주를 보낸 느낌은 어떠니? 나는 네가 학교에서 경험하는 감정과 생각이 늘 궁금하거든. 같이 대화할 수 있는 시간을 많이 만들어 보자.

이번 주 내내 번호대로 앉은 건 두 가지 목적이 있었어. 하나는 가정통신문 걷어서 정리하기(번호 순서로 모아서 파악하고 제출해야 했거든), 또 다른 하나는 얼굴과 이름 빨리 외우기였어. 두 번째는 내 능력 부족으로 아직도 진행 중이지만. 다음 주도 월요일부터 많이 바쁠 거야. 조회 시간에 자리 배정을 할 거고, 1교시에는 학급 임원 선거도 할 거야. 학급 생활 협약도 만들어야 하고, 2교시에는 봉사활동 사전 안내 교육이 계획되어 있어.

1학기 시간표는 이제 확정됐다. 한 사람씩 나눠주려고 인쇄를 했는데, 학교 코팅기가 고장 나는 바람에 오늘 바로 주지는 못할 것 같아. 교실 앞에 새로운 시간표를 출력해서 둘게. 확인하렴.

부탁이 있어.

이번 주 월요일에 모둠 노트를 준 것 기억하니? 그런데 이번 주에는 아무도 내게 노트를 주지 않더라. 모둠의 모든 사람이 내용을 써서 줄 필요는 없어. 언제든지 주고 싶을 때 주렴. 자주 쓰고, 내게 보여주면 채팅처럼 좀 더 자주 소통할 수 있을 거야. 내용은 뭐든 괜찮아. 한 번 더 말할게.

"나는 네가 궁금해."

다음 주에 보자.

각자의 리듬

이제 겨우 몇 사람하고만 상담했는데, 벌써 3월 중반이 넘어갔더라. 빨리 알아가고 싶은데 시간이 빠듯한 것 같다. 내가 여력이 되는 대로 교실에 불쑥 찾아가서 말을 걸 거야. 그래도 당황하지 않기를 부탁해. 다른 선생님들이 그러시더라. 우리 반은 활기찬데 가끔 그 정도가 지나치다고. 그래도 나는 조용하고 무기력한 것보다는 활기 넘치는 게 좋더라. 밝게 웃으면 곁에 있는 사람도, 주변의 공기도 포근해지거든. 교실 뒤쪽에 앉아서 환하게 웃고 있는 얼굴은 멀찍이 교탁 앞에서 보고만 있어도 웃음이 나와.

무엇이든 시간이 필요할 거야. 내가 너를 알아가는 데에도 시간이 좀 걸리겠고, 너도 활기참과 무례함의 경계를 이해하는 데에 시간이 좀 걸리겠지. 지금 우리는 천천히 모두와 관계를 맺고 있는 시간을 보내는 거니까, 서로가 조금씩은 서로에게 실수하는 일도 많을 거야. 그래서 나도 쉬는 시간에 교실에서 소란스럽게 뛰노는 몇몇 사람을 보고 크게 나무라지 않았거든.

우리가 살아가는 세상은 시간과 공간을 나눠서 사용하는 일이 많아. 학교에서 보내는 시간을 수업 시간과 쉬는 시간으로 나누고, 공간은 교실과 복도, 운동장, 화장실 등으로 나누지. 왜 이렇게 나눠서 사용할까? 시간을 나눠놓지 않으면 지각도 없고, 점심시간도 따로 없어서 좋을 텐데. 군이 운동화로 갈아 신지 않고, 공을 차면서 놀 수 있을 텐데 말이야. 그런데 누군가 그렇게 시간과 장소를 마음껏 즐기게 되면, 주변에 있는 사람들이 불편해지지 않을까? 상상해보자. 너는 밥을 먹고 있는데, 어떤 친구는 네 옆에서 땀 튀기며 공놀이를 하는 거야. 너는 어떤 기분일까?

시간과 장소를 나눈 까닭은 모두 편안해지기 위해서라고 나는 생각해. '시간'과 '장소'의 규칙을 이해하고 지키는 것. 이걸 한 단어로 말하면 '교양'이거든. 시간과 장소의 규칙을 잘 지키며 하는 말과 행동이 차곡차곡 쌓이면, 모든 사람으로부터 '교양인'으로 받아들여지게 돼. 교양인이 된다면, 어디에서도 존중받고 환영받는 사람이 될 수 있단다. 수업 시간과 쉬는 시간, 교실과 운동장에서 지켜야 하는 규칙을 지켜보자.

자리를 바꿨어. 2주에 한 번씩 바꿀 거야. 옆에 앉은 친구와 자연스럽게 친해지는 시간이 된다면 좋겠다. 아직 학기 초반이라 반 친구들과 모두 친해지기는 힘들 거야. 서두르지 말자. 우정에도 각자의 리듬이 있어. 자기만 리듬을 가지고 있는 것처럼 행동하거나 서두르면, 좋아하는 사람을 밀어내게 되는 일도 있단다. 나는 자연스럽게 물드는 관계를 좋아해. 어린 왕자와 사막여우가 서로에게 천천히 길들여지면서, 서로에게 소중한 존재가 되었듯이 너와 네 곁에 있는 친구가 소중한 사람으로 여겨졌으면 좋겠다.

즐거움을 퍼뜨리는 씨앗

한밤중에 울리는 '카톡!'이 어떤 의미인지 생각해본 적 있니? 어떤 사람에게는 즐거움, 설렘일 수도 있겠지만, 누군가에게는 무거움, 철렁하는 심장일 수도 있을 거야. 나는 평소에 저녁 여덟 시가 되면 마음을 정돈해. 아내와 저녁 식사를 마치고 설거지를 하거나, 뉴스를 보거나 책을 읽어. 아니면 다음날 수업 준비를 하기도 하고. 보통 밤 열한 시가 되면 씻고 나서 하루의 끝을 준비해. 그런데 이번 주에는 심장을 철렁거리게 만드는 '카톡!'이 많았어. 주로 이런 내용으로.

'가정통신문에 있는 신청서 언제까지 제출하면 돼요?'

종례시간마다 집에 빨리 가고 싶은 마음은 이해해. 6~7번의 수업 시간 동안, 친구들과 하고 싶은 이야기도 제대로 하지 못했다는 것도 알아. 그래서 쉬는 시간, 청소 시간, 종례시간에는 친구들과 수다를 떨고 싶은 마음도 이해해. 그런데 종례시간에는 내가 전달하는 이야기에 집중해야 하지 않을까? 사람의 집중력에는 한계가 있어서, 말을 하거나 생각하고 있을 때에는 다른 사람의 말소리가 전혀 들리지 않게 되거든. 종례시간에 너희끼리 얘기하다 보면 정말 중요한 사항을 놓치고 말아. 이번 주에는 밤 열한 시가 넘은 시간에 카톡하는 사람이 많았어. 긴급한 내용도 아니고 '언제까지 제출하냐'는 물음. 청소가 끝나면 자리에 앉아서 딱 3분, 말하기 욕망을 참아주렴. 부탁해.

일교차도 심하고 미세먼지도 많더라. 이럴 때 감기 걸리기 쉬우니까 조심하렴. 운동을 마치자마자 덥다고 땀을 급하게 식히면 감기에 걸리기 쉬워. 아직 오전에는 쌀쌀하기도 하고. 땀에 젖은 티셔츠만 입은 채, 선풍기 바람을 그대로 쐬면 체온이 금세 내려가. 체온이 낮아지면 면역력이 떨어진다더라.

그런데 말이야, 슬리퍼를 탁구채처럼 쓰는 사람들이 있더라. 분명히 그 슬리퍼 신고 화장실도 드나들었을 텐데. 이곳저곳을 밟고 다닌 슬리퍼 바닥, 그 바닥으로 때린 탁구공. 그 탁구공을 곱게 손에 쥐고, 입김까지 불어가며 서브를 넣고서 밝게 웃는 너의 얼굴을 볼 때마다 사실 나는 좀 불안하다. 금세 또 콜록거리거나 장염에 걸릴까봐.

청소담당구역을 바꿨어. 그대로인 사람들도 있고 많이 바뀐 사람도 있더라. 바뀐 결과를 보고, 몇몇은 불만이 있었던지 짜증을 내더구나. 그래, 맞아. 어떤 역할은 다른 사람들보다 조금 더 힘들어. 쓰레기 분리수거가 책상 줄맞추기보다 힘들지. 몇몇이 짜증내고 실망하는 모습을 보고 나도 화가 났어. 그렇지만 서로의 마음이 좋지 않을 때 하는 말들은 아무리 좋은 약이어도 엄청 두꺼운 주사바늘 같이 아프니까 참았어. 여기에 한소리 할게.

모든 결과에는 원인이 있단다. 네가 쉬운 일, 어려운 일을 맡는다는 것은 상이나 벌을 받는 게 아니야. 운이 좋아서 쉬운 일을 맡은 것도 아니고, 벌을 주거나 믿음직해서 어려운 일을 준 것도 아니야. 어느 것 하나 쓸모없는 일은 없거든. 쉬운 일을 맡긴 이유는 네가 여유를 갖고, 곁을 살피길 바라는 마음에서였어. 어려운 일을 하는 사람은 그 일을 하는 것만으로도 존재감과 책임감이 돋보이게 되거든. 나만 즐거운 일은 순간적일 때가 많아. 그렇지만 힘겨움을 견디고 경험하는 즐거움은 주변까지 번져나가게 돼. 나는 너희들 한 사람이 세상에 즐거움을 퍼뜨리는 하나의 씨앗이 되었으면 좋겠어.

김소미부터 정영석까지

감기는 외로움을 깨닫게 만드는 병인 것 같다. 콧물이 나고 목이 따끔거리고 몸이 으슬으슬할 뿐인데, 평소에 느끼지 못하는 것들을 느끼게 해주는 것 같아. 게다가 나는 이번 주에 목소리를 잃어버렸고. 내 마음을 말로 전달하는 게 너무 힘들어서 조·종례 시간, 수업 시간마다 외로워지더라. 대화를 통해 다른 사람과 연결되지 못하는 상황에서 느끼게 되는 감정이 외로움이지 않을까. 이번 주 내내 외로움을 견디는 일이 감기로 앓는 진짜 고통이겠구나 생각했어.

지난주 쪽지종례에 적었던 부탁을 기억해줘서 고마워. 종례 준비를 마친 뒤 3분만 조용히. 우리가 함께 보낼 남은 9개월 동안 부탁해. 나도 빠른 종례를 약속할게. 남은 시간이 9개월이라고 써놓고 다시 읽어 보니, 벌써 가슴이 휑하다. 이제 겨우 3월 한 달을 보냈는데, 함께 공부할 시간은 이제 겨우 9개월뿐이야. 함께 보낸 3월은 어땠는지 궁금하다. 아직 많은 얘기를 나누지 못한 친구들도 있을 테고, 벌써 어떤 성격인지 파악이 끝난 친구들도 있겠지.

나도 이제야 얼굴과 이름, 성격을 알아갈 준비가 됐어. '장자중학교 3학년—우리 반—1번 김소미~33번 정영석'까지. 머릿속에 한 사람씩 폴더를 만들었고, 어떻게 생활하는지 차곡차곡 기억할 준비가 끝났거든. 올해의 평일은 너희들의 기억으로 가득찰 것 같다.

혀끝에서 단어가 맴돈다면

대체 우리는 언제 봄을 누릴 수 있을까. 내가 보낸 3월은 새로운 학교와 너를 알아가느라 정신없었어. 몇 개의 수행평가를 치르다 보니 벌써 4월, 그리고 또 한 주가 지났고. 너는 이제 어떠니? 교실도, 선생님들도 어떤 느낌인지 다들 아는 것 같아서 자연스러운 모습이 나오는 것 같더라. 솔직히 말하면, 나는 너의 새로운 모습을 볼 때마다 깜짝깜짝 놀라. 물론, 속으로. 반갑기도 하고, 낯설기도 해서.

내가 앓던 감기는 이제 거의 저물어 가는 것 같아. 그런데 감기는 왜 한 곳에 머물다가 사라지지 않는 걸까. 한 사람이 감기를 몰아내면 다른 사람에게 훌쩍 넘어가서 몸을 갈아타는 느낌이 들어. 감기 걸린 사람들은 주말 동안 푹 쉬렴. 하루 이틀 정도 공부를 못한다고 해서 성적이 쭉쭉 떨어지는 것도 아니고. 건강해야 더 많은 것을 쉽게 이해할 수 있거든. 열 걸음을 걷기 위한 잠시 휴식이라고, 힘들었던 새 학기의 첫 달에 쉼표를 찍는 거라고 생각하자.

이번 달부터가 고등학교 입시의 시작이야. 볕이 좋은 4월의 첫 금요일부터 고등학교 이야기를 꺼내서 미안하다. 계속 반복하는 이유는 정말 중요하기 때문이거든. 잔소리로만 여기지 말고, 담임의 걱정이라고 생각해주렴. 곧 1학기 1차 지필평가(중간고사)가 시작된다. 작년과는 다들 다른 모습이라고, 열심히 한다고 여러 선생님들이 우리 반을 칭찬하시더라. 4반 수업할 때, 활기차고 대답도 잘한대. 지금 그 모습을 잃지 말고 꾸준히 해보자.

수행평가의 쓰나미도 어느 정도 넘어온 것 같다. 힘든 시간이었지만, 그래도 뭔가 해낸 것 같지 않니? 매일 조금씩 글을 쓰고, 대화하고, 수업을 들으면서 우리는 차근차근 성장하는 거야. 어느 날 갑자기 대단한 것을 뚝딱! 만들어낼 수는 없거든. 공부하다가 떠오르는 궁금증, 수업 시간에 하는 질문들, 수행평가나 지필평가를 준비하고 치르는 모든 일이 너를 키우는 이벤트가 될 거야. 조금만 더 힘내자.

지필평가 시험 준비는 '내가 30분~1시간 동안 볼 수 있는 만큼의 분량'을 정하는 게 가장 먼저 할 일이야. 내가 어느 정도 이해력과 집중력이 있는지 모르는 사람이 더 많아. 얼마나 많은 시간을 보냈느냐가 아니라, 얼마나 효율적으로 공부했느냐가 중요해.

각자 자신의 '공부 레벨'을 측정해보렴. 측정해야 할 것은 크게 두 가지야. 하나는 집중할 수 있는 시간. 스마트폰을 보거나 화장실에 가는 시간을 빼고, 온전히 학습 내용에 집중할 수 있는 시간이 얼마나 되는지 초시계를 놓고 점검해보렴. 그게 너의 공부 1단위가 되는 거야. 사람의 집중력은 한계가 있거든. 집중력이 짧은 사람은 20분 동안 집중할 수 있는 분량으로 교과서를 요약해 보렴.

또 다른 하나는 핵심을 자신의 말로 설명할 수 있는지 여부.

교과서의 개념을 노트에 요약하는 게 공부가 아니란다. 요약은 길게 풀어 놓은 설명을 몇 개의 압축 파일로 나눠서 큰 흐름을 기억해두는 방법이야. 요약한 노트를 가지고 시간을 나눠서 읽고 이해했다면, 반드시 너의 말로 그 내용을 설명해봐야 해. 사람은 제대로 이해한 것만 자신의 말과 글로 표현해낼 수 있거든. 설명을 하는 도중에 핵심 내용이 머릿속에 전혀 떠오르지 않았다면, 그 개념이 네 머릿속에 덜 적셔진 거야. 그럴 땐 다시 새기며 읽어야 해. 만약에 생각은 나는데 혀끝에서 단어가 맴돈다면, 아득히 깊은 머릿속 어딘가에서 꺼내는 연습이 되지 않은 것이고. 모든 시험, 문제 해결에서는 알고 있는 자체보다, 직접 행동으로 해내거나 말로 표현하는 게 측정 대상이 되거든. 그래서 "아, 알고 있었는데!"라는 말은 기억에서 꺼내는 연습을 안했다는 공부 자세만 드러낼 뿐이란다. 집중하는 시간을 재보고, 설명을 해보면서 공부 레벨을 키워 보자.

광합성을 하는 식물처럼

갑자기 비가 온다. 맑았던 아침, 즐겁게 시작한 오늘 아침이 굉장히 오래된 일 같다. 아침에 일찍 일어나는 게 정말 피곤해. 시험기간이기도 하고 할 일도 많고. 시험 기간에 학생만 피곤한 게 아니란다. 사실 시험 문제가 뚝딱! 만들어지는 게 아니거든. 그럴 수 있다면 좋겠지만…. 내 능력으론 어려워서 매번 머리를 싸매고 있어.

점심시간에 밥을 먹고, 구름 때문에 어둑어둑해지는 창밖을 봤어. 그리고 교실에 앉아서 쉬고 있는 민건이, 수완이, 수민이를 쓱 훑어보다가 깜짝 놀랐다. 아침에 내가 봤던 그 활기찬 녀석들이 맞나 싶어서. 나도 몸과 마음이 무거워졌고. (소방훈련 한다고 나갔는데 바람이 너무 불어서 힘들었던 걸까.) 오후에 기운이 없는 너희를 보면서 이런 생각을 했어.

'우리는 햇빛을 피부로 흡수하면서 행복해지는 게 아닐까.' 날이 좋으면 감당하지 못할 정도로 발랄해지기도 하지만, 하늘이 궂으면 뭘 해도 진짜 미소가 나오지 않는 것 같아서.

지치지 말자. 광합성을 하는 식물처럼 견뎌보자. 날씨가 좋으면 좋은 대로 즐겁게 보내면서, 어둑어둑한 날에 견딜 수 있는 힘을 길러 보자.

자신이 하루에 할 수 있는 분량을 알고 있는 게 필요해. 그래야 무리하지 않으면서도 끝까지 해낼 수 있거든. 내가 하루에 얼마나 공부할 수 있는지, 하루에 운동을 얼마나 할 수 있는지 알아야 다음을 계획할 수 있어. 우리가 갈 길은 아직 꽤 길어. 너무 한번에 많은 힘을 빼서, 잠깐 내리는 소나기에 쓰러지는 일은 없었으면 좋겠다.

수행평가가 휩쓸고 간 이번 주도 끝났다. 그래도 화수목금이 단축수업이라 마음은 가볍지 않았니? 이래도 시간은 가고, 저래도 졸업은 할 거야. 사람은 모두가 같아. 해야 하는 일은 귀찮고, 하고 싶은 일만 하고 싶지. 그런데 시간을 어떻게 보내는가에 따라 삶이 크게 달라진단다.

모두가 공부를 잘할 수도 없고, 모두가 1등이 될 수도 없어. 어떤 마음가짐으로 어떻게 생활했는지가 중요해. 점수와 성적에 신경 쓰는 것은 공부가 아니야. 우리 학교 시험에서 좋은 점수를 받았다고, 정말 공부를 잘하는 걸까? 진짜 공부는 글에 담긴 이미지를 떠올리며 읽고, 나름의 말로 정리할 수 있을 때 시작되는 일이야. 문제지를 풀면서 정답을 빠르게 고르는 건 '연습'에 불과해. 지금 네가 학교에서 보내는 시간이 '풀이 연습' 시간이 아니라, 여러 학문에 흠뻑 젖어보는 경험이 됐으면 좋겠어.

왜 공부하는가?

'공부는 대체 왜 하는 거지?'

나는 대학에 다니면서 그런 생각을 한 적이 있어. 중세국어 문법을 공부하면서, 현대 소설 강의 시간에 문학 분석 이론을 공부하면서 어느 날 갑자기 먹먹해지더라. 이게 대체, 생활에 무슨 보탬이 되나 하고 말이지. 학교 안에 있는 호숫가 벤치에 앉아서 한참 고민한 끝에 내린 결론은 '큰 쓸모없다'였어. 그러다가 며칠 뒤에 책 한 권을 읽게 됐어. 나는 궁금증이 풀리지 않으면 잠이 잘 안 오거든. 도서관에서 찾은 책은 스즈키 코지의 『왜 공부하는가』였어. 그 책에서 스즈키 코지는 이렇게 말해.

미디어가 내보내는 메시지를 비판적으로 읽고 깊이 해석하는 것을 미디어 '리터러시'라고 한다. '리터러시Literacy'

는 '학문(교육)이 있음, 읽고 쓰는 능력'이란 뜻이다. … 무엇을 위해 공부하느냐고 묻는다면, 이해력·상상력·표현력을 높이고 리터러시 능력을 갖추기 위해서라고 대답할 수 있다.

바로 이해하기엔 조금 어렵지? 이 책을 읽고 나는 한 가지 답을 찾았어. 속지 않기 위해 공부를 해야 한다는 것. 지금 우리가 가장 많이 접하는 미디어는 뭘까? 아마도 유튜브, SNS일 거야. 그런데 유튜브 채널에서 소개하는 정보가 진실만 담고 있을까? 그 사람들이 진심을 담아서 말할 수는 있겠지만, 진심이 늘 진실을 바탕으로 말하는 건 아니거든.

최근에 가짜 뉴스가 나와서 문제가 되고 있는 것을 생각해보렴. 뉴스와 책, 사람들의 말을 깊이 있게 이해하고, 진짜 의도를 파악할 줄 아는 사람이 돼야겠다고 생각했어. 그리고 사람들에게 이런 능력을 길러주는 것이 국어 교사가 해야 할 일이겠구나-하고 나름의 방향을 잡게 됐지. 그래서 흔들리지 않고 대학 공부를 마칠 수 있었어.

중·고등학교에서 배우는 과목들이 대체 삶에 무슨 쓸모가 있는지, 왜 배워야 하는지 모르겠어서 답답할 때가 있을 거야. 사실 우리가 다니는 학교는 근대에 발명된 제도거든. 산업혁명 이전에는 학교가 필요 없었어. 공부는 정말 재미있어서 하는 사람들, 다른 것 말고는 할 일이 없는 사람들이 재미와 취미로 하는 것이었으니까. 공부는 '생각하며 노는 즐거운 일'이었어. 그게 가능했던 사람들은 대체로 귀족들이었고. 그래서 '생각하는 힘을 길러주는 진짜 공부'는 돈벌이가 되지 않아. 좋은 직장을 얻기 위한 준비과정이 아니라, 좋은 사람이 되기 위한 준비이니까.

고대 그리스의 시민들은 노동을 할 필요가 없어서 고민했고, 생각했고, 대화하며 공부했어. 동양도 마찬가지였지. 공자와 제자들은 올바른 것이 무엇인가에 대해 묻고 답하는 시간을 보냈어. 대화를 통해 생각을 정리해보는 것, 그것이 공부의 출발선이자 진짜 정체야.

영국에서 산업 혁명이 일어나고, 기계가 사람의 힘을 대신하기 시작했어. 사람이 몸으로 할 수 있는 일이 줄어들었지. 짐꾼 1,000명이 몸으로 짊어지고 나르던 것을 화물 기관차 운전사 혼자 운반할 수 있게 됐어. 그런데 기차 운전사는 정확한 지식, 운전 훈련이 되어 있지 않으면 할 수 없는 일이잖아. 의사도, 교사도, 회사원도 일정한 교육이 필요하게 되었어. 거칠게 정리하면, 그래서 학교가 생긴 거였거든.

이제는 사람의 육체노동뿐만 아니라, 이미 단순 지식노동은 컴퓨터가 대신하고 있어. 아마 네가 일하게 될 가까운 미래에는 새로운 생각을 할 수 있는 사람이 필요하지 않을까? 그래서 지금 공부해야 하는 거라고 생각해. 복잡한 생각을 정교하게 다루기 위해서 '생각하는 힘'을 길러야 해. 학교에서 익히는 지식은 생각의 도구를 다듬는 일이야. 주말 이틀은 평일에 배운 내용을 요약하는 시간으로 보냈으면 좋겠다.

아내의 만년필

만년필은 요망한 물건이야. 마주치지 않는다면 평생 인연이 없을 수 있으나, 한번 친해지면 정념이 스미는 물건이거든. 나는 반려동물이나 아기를 씻기듯 때때로 미지근한 물로 펜을 씻어서 가지런히 정돈하며 주말 오후를 보내기도 해. 반짝거리는 펜촉을 보며 흐뭇하게 웃기도 하고. 나 혼자만 만년필로 끼적이며 웃는 꼴을 보고 아내가 심통을 냈어. 작년 가을쯤에 자기도 만년필로 글을 쓰고 싶다며 툴툴거렸거든. 아내에게 빨강 가죽 노트패드와 노란 만년필을 선물했어. 빨강과 노랑이 같이 있으니까 발랄하더라.

만년필의 필기감은 볼펜이나 연필과는 달라. 볼펜은 종이 위를 미끄러지고 연필은 사각거린다면, 만년필은 사각거리면서도 매끄럽거든. 내 피를 닮은 잉크가 종이에 새겨진다는 느낌이 들어. 그런데 그만큼 섬세하고 까다롭기도 해.

그러던 어느 날 아내의 펜이 이상해졌어. 왼쪽 아래에서 오른쪽 위로 펜촉을 움직일 때 종이를 갉아내더라. 잉크의 길이 끊겼고, 바늘이 심장을 긁는 느낌이 들었어. 평범한 종이에 글을 쓸 때도 매끄러운 바늘 느낌이었는데, 고급 종이에 닿아도 신경질을 부리듯 벅벅 긁어댔거든. 서비스센터에 보내서 수리를 받았지만 소용없더라.

"이렇게 첫 만년필을 찝찝하게 보내야 하는가." 하고 아내와 나는 거의 포기했지. 그러다가 친한 선배 선생님에게 블로그를 소개받았어. 만년필 판매업체에서 근무하는 분인데 '꼼꼼하다'는 평가와 함께.

지난주에 용기를 내서 그 분의 블로그 안부게시판에 하소연을 남겼어. 그리고 10분 넘게 통화를 하면서 설명을 들었지. 잉크병에 닿는 충격에도, 필압 때문에도 문제가 생길 수도 있다더라. 아내의 만년필이 변한 이유도 볼펜을 쓸 때 넣은 압력을 펜촉에 그대로 쏟았기 때문이었어.

습관은 한 사람의 생활을 드러내는 것 같아. 아내가 펜에 주는 힘을 의식하지 못했던 것처럼, 잠결에도 칫솔에 치약을 제대로 묻혀서 양치질을 하는 것처럼. 수없이 반복되는 일상적인 행동이 소소한 근육에까지 기억되는 게 아닐까 싶더라.

그러다가 이런 생각이 들었어. 혹시, 내가 선생이라는 습관에 젖어서 너를 '학생'으로 대하며 다치게 하고 있지는 않을까. 어쩌면 만년필이나 붓처럼 섬세한 사람을 분필, 유성매직처럼 대하고 있지는 않을까 하고. 내가 좋지 않은 선생 습관에 젖어 있다면, 언제든 얘기해 주렴. 나도 마음으로 애쓰면 고칠 수 있지 않을까? 너는 친구들을 어떻게 대하니?

공부의 진짜 목적

 파란 하늘이 좋다. 그동안 어떻게 미세먼지 가득한 하늘을 머리에 두고 지냈는지 싶을 정도로 맑은 하늘이야. 단합대회를 생각하던 날부터 날씨가 이렇게 좋았던 것 같아. 우리 반 단합대회는 다시 생각해도 대단했어. 그렇게까지 열심히 뛰면서 놀 줄은 상상도 못했거든. 다칠까봐 조마조마할 정도로 재밌게 놀아서 정말 좋았어. 그 다음날, 체육대회에서 우리가 준우승을 한 것은 모두 단합대회에서 기운을 쏟았기 때문일 거라고, 5월 19일 퇴근하며 되뇔 정도로 대단했어.

 5월도 지나간다. 점점 더워지겠지. 중간고사 치른 성적을 보고 누군가는 실망했을 테고, 누군가는 자랑하고 싶었을지도 모르겠다. 그런데 정말 우리의 능력을 고작 다섯 개 선택지에서 답을 찾고, 겨우 서너 문장을 써낸 것으로 측정할 수 있을까. 시험이 네가 공부하는 목적이 되지 않기를 바란다. 낮은 숫자로 가득한 성적표를 받았다고 네가 부족한 사람이라는 뜻은 아니야. 반대로 시험에서 높은 숫자를 받았다고 네가 다른 사람들보다 뛰어나고 훌륭한 것도 아니야.

우리 공부의 목적은 모든 사람들과 함께 정확하게 대화하는 방법을 배우는 거라고 생각해. 뉴스나 유튜브에서 본 내용은 우리가 제대로 아는 걸까? 아닐 거야. 우리는 짧은 영상을 보거나 들을 때 생기는 순간적인 감각과 감정을 앎이라고 착각할 때가 많아. 그래서 대화를 하다 보면, 진짜 알고 있는 게 생각보다 적어서 '말이 통하지 않는 상황'에 자주 부딪히게 되고 말거든.

우선 정확하게 대화하기 위해서는 진짜 지식을 파악해야 해. 내가 생각하는 진짜 앎의 시작은 '어떤 개념이나 사건의 맥락을 파악하는 것'이야. 맥락은 어떤 개념이 놓여 있는 바둑판같은 거야. 오목을 둘 때, 바둑판 위에 놓인 흑백의 돌을 선으로 이어보며 어디에 놓을까 생각하잖아. 무턱대고 바둑알을 놓지 않는 것처럼, 어떤 개념을 이해할 때도 맥락을 먼저 살피는 일이 필요해. 어떤 원인으로 이 사건이 생겼는지, 그리고 그 사건은 다른 부분에 어떤 영향을 미치게 될 것인지를 생각하는 것. 그 과정이 바로 맥락을 파악하는 일이야.

맥락을 파악하면 어려움 없이 다른 사람과 소통할 수 있을까? 그랬으면 좋겠는데, 사실 그게 어려워. 같은 대상이더라도 보는 사람마다 갖고 있는 배경지식이나 맥락이 달라서 다른 관점으로 볼 수밖에 없거든. 그래서 하나의 사건에도 다양한 이야기가 있을 수밖에 없어. 이때 중요한 능력이 국어 시간에 연습하는 의사소통 방법일 거야. 자기 생각과 관점을 정확한 말과 글로 표현해내기 위해 연습하는 것이 중고등학교의 공부라고 생각해.

그래서 공부는 혼자 하는 게 아니야. 조용하게 혼자 책을 읽는 것도 사실은 혼자 하는 게 아닌 거야. 독서는 책을 쓴 사람과 마음속으로 토론하는 태풍 같은 소통의 과정이거든. 쉬는 시간에 친구들과 대화를 나눌 때에도 맥락을 생각하는 거야. 그게 모두 진짜 공부야. 사람은 다른 사람과 제대로 소통할 수 있을 때 진짜 어른이 된단다.

교양인이란 뭘까. 많은 책을 읽은 사람? 음악과 미술을 많이 접해본 사람? 공부를 많이 해서 전문적인 분야에 식견이 있는 사람? 나는 그런 사람들이 교양인이라고 생각하지 않아. 내가 생각하는 교양인은 잘 들어주는 사람이야. 내가 잘 아는 분야를 다른 사람이 이야기하더라도 성급하게 끼어들지 않고 끝까지 들어주는 사람. 약한 사람이 강한 사람에게 편하게 말할 수 있도록 돕는 사람이 교양인이지 않을까. 그리고 잘 모르는 분야의 이야기를 들을 때에는 호기심을 갖고 진지하게 듣는 사람이 교양인이라고 생각해.

나의 맥락과 너의 맥락을 모두 고려해서, 오해가 생기지 않도록 정확하게 소통할 줄 아는 사람. 그 사람이 교양인이고, 우리가 진짜 공부하는 목적인 거야. 나는 네가, 우리 반 모두가 교양인이 되길 바라. 어떤 문제가 생겨도, 서로의 이야기를 듣고 해결 방법을 함께 찾을 줄 아는 사람이 되었으면 좋겠다. 즐거운 대화로 주말을 채우렴.

70점짜리 인간

학부모님께,

안녕하셨습니까. 담임교사 이경준입니다.

벌써 두 달이 지났습니다. 아이들은 늘 그랬듯이 3학년 생활에도 잘 적응하며 지내고 있습니다. 학부모님을 뵙고, 또는 전화로라도 감사의 말씀을 드리고 싶은데 여의치 않아서 가정통신문에 편지를 적어 보내드립니다.

1년 동안 잘해보자고 아이들과 다짐했던 시간들이 떠오릅니다. 4반 아이들은 참 좋은 학생입니다. 즐겁게 공부하고 신나게 운동하는 진짜 학생입니다. 함께 지내며 지켜본 느낌입니다. 시험을 준비하는 동안에 저는 아이들이 스스로, 또는 함께 공부하는 모습을 보고 감동했습니다. 쉬는 시간에 서로 묻고, 토론하는 모습이 예쁘고 기특했습니다.

시험 결과를 어쩔 수 없이 숫자로 처리하면서 고민했습니다. 아이들이 3, 4월 동안 생각하고 대화하며 배운 것은 분명 숫자로 드러난 것 이상이었습니다. 그리고 학생들이 '나는 80점짜리, 70점짜리 인간이야', '나는 100점이니까 다 알아'라고 오해하고 자만

할까봐 걱정이 되기도 했습니다. 성적통지표를 출력하고 발송할 때, 4반 학생들에게 성적보다 중요한 것은 '지혜와 고운 인성'이라는 것을 말해주고자 합니다.

5월은 많은 생각을 하게 하는 달입니다. 5일, 4반 아이들을 생각하며 밝은 미래를 상상했습니다. 8일, 먼저 저의 부모님을 생각했고, 학부모님들을 생각하며 건강하시길 바랐습니다. 15일, 가르침을 주셨던 선생님을 떠올리며 저도 그런 교사가 되고자 다짐했습니다.

아이들이 행복한 경험을 많이 하는 5월이 되었으면 좋겠습니다. 학부모님 댁내 곳곳에 웃음이 가득하시길 바랍니다. 다음에 또 학교 소식을 전해드리겠습니다.

늘 곁에 있었으면 하는 사람

늘 곁에 있었으면 좋겠다 싶은 사람이 누굴까 생각해봤어. 사랑하는 사람, 함께 있으면 즐거운 사람, 나에게 잘해주는 사람, 배울 점이 있는 사람. 다양한 성격을 가진 사람들이 머릿속에 떠올랐지.

나는 이런 사람이 내 곁에 있어 준다면 정말 고마울 것 같아. 좋아하는 것을 언제든지 함께 대화 나눌 수 있는 사람. 중간에 그 대화가 끊기더라도 함께 있는 시간이 어색하지 않은 사람. 내게는 그런 사람이 좋은 사람인 것 같아. 물론, 내 아내는 그런 사람이고.

지난주에 공부의 목적이 '다른 사람들과 정확하게 소통하는 방법을 배우는 것'이라고 썼던 쪽지, 기억하고 있니? 학교에서는 '함께 살아가기'를 배우는 게 목표일 것 같아.

그나저나 한국인이 왜 국어를 공부해야 할까. 말을 하거나, 글을 읽다가도 뜻이 정확하게 이해되지 않는 경우 없었니? 친구들 사이에서 마음이 상하고 다툼이 생기는 일은 대부분 말 때문에 생기는 것 같더라. 원래 드러내고 싶던 의미와 다른 표현으로 친구에게 상처를 주기도 하고, 오해가 생기고, 관계를 다시 풀기 위해서 말을 할 때도 어떻게 시작해야 좋을지 모를 때가 많은 것처럼 말이야. 각자 원하는 게 달라서 생기는 다툼도 있지만, 더 많은 경우는 서로 소통을 잘못하는 바람에 생긴 오해가 싸움의 원인이 될 때도 많거든. 문법을 외우고, 시와 소설을 분석한 내용을 외우는 게 국어 공부의 전부가 아니란다.

학교에서 보내는 시간 대부분은 서로 정확하게 이해하기 위해 연습하는 시간일 거야. 수학, 과학을 배우는 것도 그 분야의 전문가들과 정확하게 소통하기 위해서 알아야 할 기본적인 소통 방식을 익히는 일이지. 역사, 도덕, 사회 과목은 대한민국이라는 이 사회에서 스스로 생각하고 판단할 수 있는 도구를 갖추는 시간일 테고. 음악, 미술, 체육, 기술·가정, 중국어, 한문 모두 그럴 거야. 이렇게 생각해보면 어떨까. 하나의 교과목은 하나의 문제를 해결하기 위해 바라볼 수 있는 각각의 관점이자 다른 시각일 거야. 네가 학교에서 배우는 과목이 귀찮거나 짜증 나는 것이 아니었으면 좋겠다. 세상과 대화를 제대로 나누기 위해 익히는 '다양한 소통수단'이니까.

곧 모든 수행평가가 끝날 거야. 그리고 다음 달이면 기말고사를 볼 테고 여름을 맞이하겠지. 그전까지 해야 하는 일들을 정리해두렴. 봉사활동이든, 진학하고 싶은 학교든. 중학교를 졸업하고 고등학교를 졸업할 때쯤이면, 모두 좋은 사람이 되어 있으면 좋겠다. 내 곁에 늘 있었으면, 하고 떠올릴 사람이 너였으면 좋겠다.

나는 어떤 사람인가?

마음이 출렁거리는 시기는 누구에게나 있다. 출렁거림이 심하면 내가 지금 무엇을 하고 있는지도 헷갈리고, 내가 뭘 좋아하는지조차 모르겠다 싶을 때가 있어. 나도 그랬거든. 날아갈 것처럼 기쁘다가도, 갑자기 몸서리가 날 정도로 싫은 감정 때문에 악을 쓰기도 했지. 아마도 중학교 때였던 것 같아. 어른들은 다 안다는 태도로 나의 말을 제대로 들어주지 않았고, 친구들과 대화를 하면서도 마음이 공허해서 아무런 말도 들리지 않았던 적도 있어.

한 번쯤 생각해봤으면 좋겠다. 지금 내가 무엇을 하고 있는지, 무슨 일을 할 때 즐거운지 슬픈지. 화는 언제 내고, 친구들을 대할 때 사람마다 다른 태도로 대하고 있지 않은지. 너의 모습을 스스로 관찰해보는 연습을 했으면 좋겠어. 자기 모습을 돌아보는 사람은 한 걸음이라도 좋은 쪽으로 나아가는 사람이 될 수 있거든.

지금 내가 있는 곳, 나의 정체를 알아야 고칠 점을 깨닫고 장점도 발견할 수 있단다. 마음이 출렁일 때는 자신을 돌아보렴.

"너의 장점과 단점이 뭐니?"라고 물어보면, 자신감 있게 말할 수 있는 사람은 사실 드물어. 학교 다닐 때, 나의 장점과 단점을 생각해 본 적이 있어. 도덕 시간에 자기를 소개하는 글을 쓰라는 숙제였는데, 일주일 동안 끙끙거렸지만 쉽게 써지지 않았어. 겨우겨우 쓰나마나한 장점들(성실하다, 착하다, 공부를 열심히 한다, 친구들과 친하다, 배려한다, 예절을 갖추려 노력한다 등)을 주절거렸을 뿐이었고. 단점도 뻔한 것들(잘난 체한다, 친한 친구들하고만 친하다, 움직이는 것이 귀찮다, 아침잠이 많다 등등)만 겨우 써냈어. 그때 깨달았던 것 같아. 나의 장점과 단점, 특기와 흥미는 스스로 자신의 모습을 돌아보며 보물찾기 하듯이 '탐색하고 발견'해야만 알게 된다는 걸.

이번 주말에는 너의 지금 모습을 살펴보렴. 지금까지 살아온 너는 '어떤 모습'과 '어떤 속성'을 가진 사람일까. 네가 잘하고 자신감 있는 것은 무엇이고, 싫은 것들은 무엇인지 종이에 낙서처럼 적어보자. 진짜 자기의 모습을 찾는 일은 아무도 발견하지 못한 정글을 탐험하는 것과 비슷할 거야. 자기 능력을 되짚어 보고, 가지고 있는 도구를 점검해보는 시간은 삶에서 꼭 필요한 일이야. '나'에 대한 글을 써보거나 고민하는 것은 시간 낭비가 아니야. '진짜 나'를 찾아가는 지도를 만드는 일이야.

공부당하다

요즘 너를 보면 마음이 아프다. 왜 이렇게 힘들게 됐을까. 교육부에서 처음 수행평가를 얘기했던 것은 학생과 교사가 편안해지길 바라는 마음이 컸기 때문이었을 거야. 단순 지식을 외운 것으로 경쟁하는 것이 진짜 공부가 아니라는 판단 때문에 수행평가가 시작되었거든. 학생이 배우는 과정에서 생각이 깊어지고 넓어지는 경험을 하길 바라며 도입한 게 수행평가였어. 그런데 올해 너를, 우리 반을, 우리 학교를 돌아보면 마음이 너무 무겁다. 아무도 바라던 상황이 아니었어. 선생님들도 그렇게 생각하고 있단다.

논술과 독서 논술의 시작은 이랬다. 앞으로는 알고 있는 것을 자신의 말로 정확하게 표현할 줄 아는 사람이 변화하는 세상에 잘 적응할 것이라고 생각했어. 말과 글로 자신의 앎과 뜻을 제대로 표현할 줄 모르면, 지식을 이해한 상태가 아니어서, 제대로 활용할 수가 없거든. 그래서 표현을 하는 사람도 듣는 사람도 자꾸 오해하게 되면서 문제를 더 만들어버리게 돼.

선생님들은 너의 능력을 키워주고 싶었어. 스스로 생각하고, 자신의 감정과 지식을 표현할 줄 아는 사람이 되길 바라며 계획한 게 논술과 독서 논술이었어. 그런데 이 수행평가가 너를 모질게 다그친 것은 아닌지 걱정이 되더라. 이제 거의 다 끝나서, 이렇게 미안한 마음을 고백해. 2학기에는 부담을 덜 수 있게 선생님들과 의논할게. 그간 수행평가 치르느라 애썼어.

얼마 전에 교사를 위한 강의를 듣다가 '공부당하다'라는 표현을 접했어. 강의 내용은 거의 다 잊었지만, 그 말이 자꾸 맴돌더라.

학교 또는 학원에 다니면서 원하지 않거나 몸과 마음이 배울 준비가 안 되어 있을 때, 타인의 좋은 뜻(善意)에 의하여 강제적으로 지식을 학습하도록 강요받는 일.

이렇게 공부당하는 사람이 분명 우리 반에도, 전국적으로 많이 있는 것 같아서 마음이 아렸다.

'공부당하다'는 피동사, '공부하다'는 능동사야. 능동과 피동의 차이는 동작을 하는 사람의 생각과 마음에 달려 있어. 목표가 불확실하고, 싫은 마음 상태로 책을 보는 것은 '공부당하는 중'이야. 뚜렷한 목표를 세우고, 새로운 것을 이해하며 즐기는 책 읽기는 '공부하는 중'이겠지.

네가 공부할 때 목표가 완전하지 않아도 돼. 네가 스스로 삼은 목표라면, 아주 사소한 것도 의미 있으니까. 시험공부를 할 때 감탄과 질문을 많이 했으면 좋겠다. '아, 이게 이런 거였구나!', '과학의 이 내용과 역사가 이렇게 이어지겠는데?'처럼. 애니메이션 「인사이드 아웃」 기억나니? 질문과 감정은 지식과 기억을 단단하게 묶어서, 네 마음에 또렷하게 새겨둔단다.

아이히만이 되지 않기 위하여

시험 문제를 다 냈다. 선생님들은 네가 이런 내용을 꼭 알길 바라는 마음으로 시험 문제를 만들어. 그 내용이 개념을 설명하는 지식일 수도 있고, 거대한 흐름을 읽어내는 능력일 수도 있어. 마지막 요약정리를 하면서 이런 걸 떠올려 보렴. 선생님들은 어떤 것을 가르치려고 했을까. 어떤 내용을 강조했고, 그 과목의 학습목표가 무엇이었을까. 모든 시험 준비는 출제하는 사람의 마음을 상상해보는 것으로부터 시작하는 거야. 지난번에 자신을 돌아보는 시간을 이야기했던 것 기억나니? 이번 주에는 다른 사람의 마음을 생각해보는 일을 이야기해볼게.

학기 초에 새로운 친구를 사귈 때 어떻게 말을 걸었니? '안녕?'처럼 가벼운 인사로 쉽게 다가가는 사람도 있었겠지만, 사실 그게 꽤 어려운 일이거든. 그래서 대부분 친구들은 시간을 두고 서로를 관찰하고 있었을 거야. 어떤 책을 읽고, 어떤 친구들과 함께 놀고, 어떤 가수를 좋아하는지. 그러다가 서로 같은 취미를 갖고 있다는 걸 발견하고 급속도로 친해지는 경험, 우리 모두 한 번쯤은 하지 않았을까?

사람을 처음 봤을 때, 그 사람이 어떤 사람인지 알아보는 법이 있어. 그 사람이 무얼 좋아하는지 물어보는 거야. 좋아하는 것을 알면 그 사람이 어떤 사람인지 가늠할 수 있어. 그게 취미야. 사람은 마음이 좋아지는 것을 반복해서 하고 싶어 하거든. 취미는 한 사람의 성격을 상징적으로 보여주는 것이어서, 섬세하게 관찰하고 대화를 나누다보면 속마음까지도 알아낼 수 있어. 그래서 같은 취미, 취향을 가진 사람들과는 정말 쉽게 가까워지는 거야. 시험을 준비하고 치르는 동안에는 겨를이 없겠지만, 시험이 끝난 뒤에는 각자 취미 한 가지를 정해서 푹 빠져봤으면 좋겠어.

요즘에 나는 한나 아렌트의 책을 읽고 있어. 『예루살렘의 아이히만』이란 책이야. 나치 독일 시대에 유태인을 수용소로 보내고 독가스로 사람을 죽이는 일을 맡았던 사람, 아돌프 아이히만을 재판하는 내용을 담고 있어. 아이히만은 자신이 하는 일이 무엇인지 정확히 알지 못했던 공무원이었어. 유태인을 가스실에서 학살하는 일을 '유태인 문제의 최종해결'이라고 불렀거든. 그리고 그 표현 속에 담긴 행위와 진실을 알아채지 못했고. 알려고도 하지 않았지. 그저 나치가 사용하는 '단어'를 외우고, 그 말에 담긴 행위와 의미를 생각하지 않은 채 낱말을 조립해서 사용했던 사람이었어. 결국 아이히만은 유죄가 인정되었고, 교수형에 처해졌지.

법정에서 모든 재판을 지켜본 한나 아렌트는 아이히만을 이렇게 평가했어.

그는 아주 근면한 인간이다. 근면성 자체는 범죄가 아니다. 그러나 그가 유죄인 이유는 아무 생각이 없었고, 바보였기 때문이다. 그는 스스로 생각하기를 포기했을 뿐이다.

뭔가 오싹한 기분이 들지 않니? 나는 네가 시험공부를 할 때 아돌프 아이히만처럼 외우는 때가 있는 것 같아서 겁이 나더라. 교과서에 실린 내용이 언제, 어떤 환경에서 등장하게 된 것인지, 어떻게 적용해서 옳은 결과를 얻을 수 있는 것인지 고민하며 이해하기를 바라. 세상이 나쁜 일을 교묘하게 권할 때, 그것을 뿌리칠 수 있는 힘은 '스스로 생각하는 힘'에서 나오거든. 스스로 생각하기 위해서는 내가 서 있는 자리를 파악하고, 다른 사람의 마음을 읽는 힘이 필요해.

무턱대고 외우지 말자. 원인과 이유를 고민하며 기억하렴. 스스로 생각하기를 멈추는 것은 세상과 너의 삶에 죄를 짓는 것과 같으니까.

마음을 어루만진다는 것 – 주희에게

어제부터 얼굴이 좋지 않아서 너를 볼 때마다 마음이 쓰인다. 얼마나 마음이 무겁고 슬플까. 그저 짐작만 할 뿐. 어떻게 어떤 말로 위로해야 할까 고민하다가 편지를 쓴다.

다행이라고 생각했다. 소중한 사람을 영원히 다시 만나지 못하는 상황은 세상에서 가장 서럽고 아픈 것이거든. 너무 이른 시기에 겪게 된 것은 안타깝지만, 주희 네가 그 슬픔과 기억을 온몸으로 견뎌내고 느끼는 것 같아서 대견하고, 참 다행이라고 생각한다.

슬픔을 이해하고, 잃어버림을 이해하고, 앞으로 남은 긴 시간을 기억에 의지해서 살아가야 한다는 막막함을 예감하고 있는 듯해서. 그리고 마냥 주저앉아 울고만 있지 않아서 다행이다.

한 가지 걱정되는 것은 주희 네가 어른스럽고 꿋꿋해서 어디에도 너의 슬픔을 쏟아내지 못할까 봐. 오히려 집안 어른들에게 너의 슬픔이 짐처럼 느껴질까 봐. 마음 놓고 울고 있지 못한 것은 아닐지 조금 걱정이다. 혼자서든, 좋은 친구든, 편하게 마음을 놓고 너를 추스르는 시간을 마련했으면 좋겠다. 천천히 괜찮아질 거야.

잊고 일상으로 돌아오라는 말, 괜찮을 거라는 말, 힘내라는 말, 잊힐 거라는 말이 지금 너에게 얼마나 힘들까. 나는 잊지 말라고 말하고 싶다. 네가 슬퍼하고 충분히 그리워해야 삼촌도 너도 이 상황을 견딜 수 있을 거다. 슬픔을 참는 것과 떠오르는 생각을 막는 것은 바보의 일이다.

나는 주희 네 마음이 솔직하고 건강해서 좋아. 좋은 어른, 따뜻한 사람이 될 것이라고 확신한다. 타인의, 나의 감정에 푹 잠겨서 그 마음을 체험해 본 사람만이 다른 사람의 마음과 처지를 이해하고 위로해줄 수 있거든. 언젠가 주희 너는 다른 사람이 편안하게 기댈 수 있는 커다란 나무가 될 것 같다. 그럴 것이다. 사람은 슬픔과 웃음, 대화를 먹으며 어른이 된단다. 너의 지금 마음을 흠뻑 이해하고, 천천히 일상으로 돌아오렴. 기다리마. - 2017. 6. 27.

마음이 곱고 밝은 학생이었다. 월요일 아침부터 얼굴이 어두웠다. 눈은 퀭했고 머리카락도 헝클어진 상태였다. 무슨 일이냐고 직접 묻기 어려워서, 주변 친구들에게 물었다. 삼촌이 주말에 갑자기 돌아가셨다고 했다. 월요일 하루 종일 틈틈이 관찰했다. 얼굴은 무거웠고, 밥도 제대로 먹지 못하는 것 같았다.

화요일 아침, 공강 시간에 편지를 썼다. 애써 밝은 표정을 지을 필요 없다고, 어른스럽게 행동할 필요도 없다고, 슬픔을 온전히 느껴봐야 타인의 슬픔을 이해할 수 있는 사람이 된다고. 네가 그렇게 슬퍼할 줄 아는 사람이라서 다행이라고, 참 좋은 어른이 될 것 같다는 말을 적었다. 그리고 천천히, 평온한 마음으로 돌아오길 기다린다는 말로 글을 맺었다. 그리고 교실에 가서 책상 위에 슬쩍 놓고 나왔다.

종례시간에는 얼굴이 꽤 밝아졌다. 모두 집에 간 뒤에 그 아이에게 문자를 받았다. 괜찮아졌다고, 고맙다는 문자였다. 정말 괜찮아졌을지는 모르겠지만, 그제야 한시름 놓았다.

마음을 어루만진다는 것은 어렵다. 한 사람을 관찰하고 마음 쓰는 일에 내 시간을 써야 가능한 일이다. 사람의 마음이 일종의 업무나 일이 되면 안 된다. 절대로 마음에 닿을 수 없다. 표정과 몸짓, 어투와 말을 읽고 상상해야 한다. 그래야 겨우, 그 사람 마음 근처에 다다른다. 상처 입은 마음은 다른 사람이 어루만질 수 있는 것이 아니다. 정글 같은 상처의 숲을 뚫고, 근처까지 다가와 준 사람의 마음기척이 느껴질 때, 스스로 치유하게 되는 것 같다.

늦은 밤, 살아 있는 국어 시간

"쌤, 저 도서관에서 맞았어요. 관리자분한테 혼났어요.ㅠㅠ"

밤 8시 50분이었다. 우리 반 단체 채팅방에 글이 올라왔다. 배우는 것 자체를 좋아하는 예쁜 아이들이었는데, 도서관 직원에게 맞았다고 했다. 무슨 일인지 물었다.

"도서관에서 친구한테 어려운 문제 설명하고 있었는데, 시끄럽다고 관리하는 분이 파리채로 때렸어요. 꼭 공부도 못하는 것들이 이런다고. 떠들 거면 집에 가라고 소리쳤어요."

10분 정도 아이들 마음을 들었다. 아이들은 억울함과 모욕감에 분노하고 있었다. 맞는 장면을 동영상으로 찍지 못한 게 아쉽다며, 뭐라도 할 수 있기를 바랐다. 그때, 나는 한마디 거들었다.

"도서관 홈페이지에 건의사항을 올리는 게시판이 있을 거야. 억울함을 알리는 편지를 써보면 어떠니?"

"순서는 이렇게."

1. 소란을 피운 점을 먼저 사과하기
2. 오늘 겪은 억울한 사건 설명하기
3. 우리의 입장과 바람을 설명하기
4. 바라는 내용(진정한 사과, 인격적 대우 등)
5. 성인이 되어서도 이용할 도서관임. 좋은 기억이 많아야 도서관도 활성화될 것임.
6. 공공예의를 지키는 학생이 될 테니, 관리자들도 예의를 지켜달라는 부탁.

그리고 말을 덧붙였다. 억울해하고 분노하는 것은 나쁜 게 아니라, 문제를 깨닫고 대화를 통해 해결할 수 있는 기회를 얻은 거라고. 10분이 지나지 않아서 긴 문자가 왔다. 검토해달라는 말과 함께. 한두 번의 수정과 검토로 순식간에 한 편의 건의문이 완성되었다. 그리고 도서관 건의게시판을 찾아서 아래와 같이 게시했다.

OO도서관을 이용하는 중학생입니다.

먼저 2017년 6월 26일 20시 00분~20시 30분 무렵에, 열람실 앞에서 소란을 일으켜 사과드립니다.

어려운 문제를 친구와 함께 풀던 중이었습니다. 그런데 잘 풀리지 않아서, 답답한 나머지 목소리가 무의식적으로 커졌습니다. 이 점에 대해서는 진심으로 사과드립니다.

그런데 억울한 일이 생겨서 이렇게 글을 쓰게 되었습니다. 남색 옷(근무복인 것 같습니다)을 입으신 관리자분이 오셨습니다. 그리고 곧장 저희에게 시끄럽다며, 책상을 파리채로 내려쳤습니다.

게다가 "공부 못하는 것들이 꼭 이렇지! 이럴 거면 집에 가!"라며 소리쳤습니다. 놀라고 당황스러웠습니다. 그러자 다시, 파리채 뒷부분으로 저의 손목을 때렸습니다. 또한 저뿐만 아니라 1층에서 앉을 자리를 고민하던 친구에게도 시끄럽다며 윽박질렀습니다.

저희는 이 부분에 대해서 굉장히 당황스럽고 모욕감을 느꼈습니다. 아무리 나이가 어리더라도 그렇게 말을 하는 것은 옳지 않다고 생각합니다. 저희는 구리시의 구성원으로서 인격적인 대우를 바랄 뿐입니다.

저희는 그분께 진심이 담긴 사과를 받고 싶습니다. □□중학교 3학년 4반 문☆민 외 4명에게 대면, 또는 편지를 통해 진심어린 사과를 해주시길 바랍니다. 그리고 저희보다 더 어린 학생들이 이런 일을 겪지 않았으면 좋겠습니다.

이 일은 저희만의 일이 아닙니다. 이전에도 있을 수 있고, 앞으로도 일어날 수 있는 것이라고 생각합니다. 성인이 되어서도 이용할 도서관입니다. 많은 사람들이 OO도서관에 대해 좋은 기억이 있어야, 도서관도 활성화될 것이라고 생각합니다.

혹시라도 저희의 말소리에 방해받은 분들이 계시다면, 다시 한 번 죄송하다는 말씀을 드리고 싶습니다. 주의해서 폐 끼치지 않겠습니다. 마지막으로 도서관 측의 진솔한 사과를 바랍니다.

다음날, OO도서관의 답변이 달렸다. 학교가 끝나고, 우리 반 아이들은 도서관 게시판을 바로 확인했다. 관리자가 답변을 남겼다.

불편사항에 대하여 진심으로 사과의 말씀을 드립니다. 말씀하신 사항은 직원 친절교육을 실시하여 다시는 재발되지 않도록 하겠습니다.

아이들은 '이게 다야?', '어쩔 수 없이 넘어가지만, 또 이러면 가만 안 있을 거야'의 반응이었다. 도서관의 사과는 정중했으나 그뿐이었다.

학생들은 학교에서 잘못하거나 다투면, 긴 대화를 통해 서로의 서운함과 상처를 확인하는 시간을 갖는다. 아픈 곳을 이해하고 잘못을 사과한다. 그런데 사회를 구성하고 있는 어른들은 소통과 소통능력이 부족해 보일 때가 많다. 자신의 잘못을 인정하고 사과하는 것을 '마지못해 하는 것'으로 여긴다. 진짜 마음을 담은 몇 분 동안, 한 사람만을 위한 사과문을 쓰는 것조차 드물다. 말하는 것과 듣는 것, 읽는 것과 쓰는 것도 연습이 필요하다. 학생들이 생활에서 겪은 억울함을 글로 풀어내는 경험을 할 수 있던 시간이었다. 글쓰기를 배우는 의미를 깨닫는 계기가 되길 바랐다.

흔들리는 일

흔들리지 않고 피는 꽃이 어디 있으랴
이 세상 그 어떤 아름다운 꽃들도
다 흔들리면서 피었나니
흔들리면서 줄기를 곧게 세웠나니
흔들지 않고 가는 사랑이 어디 있으랴

젖지 않고 피는 꽃이 어디 있으랴
이 세상 그 어떤 빛나는 꽃들도
다 젖으며 젖으며 피었나니
바람과 비에 젖으며 꽃잎 따뜻하게 피웠나니
젖지 않고 가는 삶이 어디 있으랴

- 도종환 「흔들리며 피는 꽃」

이번 달은 정말 많은 일이 있었다. 사건도 많았고 사고도 많았다. 가슴 아픈 일을 겪은 사람도 있었다. 나는 매일 흔들린다. 하고 싶은 것과 해야 하는 것 사이에서 끝없이 오간다. 6월, 너희를 보면서 도종환 시인의 「흔들리며 피는 꽃」이 떠올랐다. 어제 밤 늦게까지 진현이를 만나려고 교문동을 돌아다니면서 이 시가 더욱 생각났다.

진현이 부모님께 집에 들어오지 않았다는 연락을 받고, 교문동 주변을 11시까지 헤매다 퇴근했다. 전화도 받지 않고, 친한 친구들도 진현이 소식을 몰라서 속이 탔다. 1학기 학급회장을 하면서 듬직한 모습을 보였는데, 친구들과 다툼이 생기고 수업 시간에 점점 의욕을 잃어가는 모습을 보면서 내 마음도 무거워졌다. 내 책임도 큰 것 같아서. 무엇을 해야 좋을지 방향을 찾지 못했을 뿐인데, 너무나 크게 흔들리며 부딪히는 것 같아 안쓰러웠다.

흔들리지 않는 것은 없다. 늘 엄격한 부모님도, 무섭기만 한 선생님도 흔들리는 때가 있다. 많이 흔들려 봐야 꼭 지켜야 할 원칙과 융통성의 범위를 깨닫게 된다. 자신이 흔들려 봐야 흔들리는 사람의 행동과 마음을 이해하게 된다. 우리가 소설을 함께 읽었던 것도, 그렇게 흔들리는 모습을 보며 타인의 삶을 상상해보는 연습을 위해서였다.

다른 사람의 마음을 상상하고, 공감할 줄 아는 사람이 어른이다. 어른이 된다는 것은 나이의 문제가 아니다. 흔들리는 사람의 마음을 읽고, 함께 흔들리며 큰 울림을 만들어내는 사람이 어른이다. 흔들리면서도 쓰러지지 않는 마음을 가진 사람이 어른이다. 나는 진현이가 크게 흔들리는 만큼, 시간이 지나면 다른 친구들보다 더 단단한 어른이 되리라고 믿는다.

복도를 지나며, 시험 문제가 어렵다는 투정을 수십 명의 학생들로부터 들었다. 진학하고 싶은 고등학교의 문제가 어려워서 고민이라는 말을 들었다. 우리가 공부하는 목적이 쉬운 문제를 잘 맞히기 위해서일까? 친구들보다 더 높은 점수를 받기 위한 것일까? 아닐 거다. 낯선 상황에서 만나는 문제에 당황하지 않을 진짜 실력을 기르는 게 우리 공부의 목표다. 타인의 행복과 슬픔을 이해하고 공감할 줄 아는 사람, 함께 흔들리며 울 줄 아는 어른이 되는 게 우리 공부의 목적이 됐으면 좋겠다. 1학기 동안 공부하느라 수고했다. 너와 나는 6개월만큼 더 어른이 되었을까.

사과문

우선, 진심으로 미안하다. 나는 네가 대단한 학생인 줄 알았다. 1차 지필평가를 치른 뒤에 과대평가를 했나 보다. 믿었고, 그래서 어디까지 해낼 수 있는지 알고 싶었다. 내 책임이 크다. 미안하다.

어려운 시험문제를 냈던 것은 두 가지 이유 때문이다. 하나는 생각하지 않고, 단순하게 외워서 문제 풀이만 연습한 친구들에게 경각심을 주고 싶었다. 중학교 내신 평가에서 90점 이상을 받으며, '난 A등급 학생이야' 하는 자만심을 흔들어 주고 싶었다. 고작 중학교 시험으로 스스로의 가치를 높게 평가하거나, 능력을 과신하는 것이 옳지 않다는 것을 깨닫게 하고 싶었다.

두 번째 목적은 상상하지 못했던 어려움을 마주했을 때 대처능력을 길러주고 싶었다. 이 정도의 어려움을 마주한 적이 있었을까. 단순하게 'A=B'라고 암기하듯 공부하는 습관으로는 풀 수 없는 문제를 마주하게 하고 싶었다. 세상의 모든 문제는 단순한 지식의 암기로는 해결할 수 없다. 고등학교와 대학교에서는 세상에 조금 더 가까운 복잡한 문제가 나온다. 물론, 직장인이 되어 사회에 나서게 된다면 교과서에서 암기한 지식은 거의 쓸모가 없다. 오직 네가 문제를 대하는 태도와 해결책을 찾아내는 방법을 아는지가 중요하다.

책에 나와 있는 지식들, 교과서의 내용들은 고작 도구일 뿐이다. 교과서에 나와 있는 지식들, 수업 시간에 다루는 것들은 문제를 해결하는 연습 과정이다. 수업 시간에 정답을 배우는 게 목표가 아니라, '문제를 발견'하고 해결책을 '찾는 방법'을 배우고 연습하는 것이 진짜 수업의 목표가 되어야 한다.

다시 한 번 사과할게. 준비되지 않은 상태에서 믿기지 않는 충격을 줘서 미안하다. 자신을 돌아보고, 상상할 수 없이 어려운 문제가 닥쳤을 때 어떻게 대처해야 좋을지 생각해 봤다면 그것으로 충분하지 않았을까. 중학교 시험 성적은 괜찮다. 아직 여유가 있다. 2학기의 시험은 그렇게 어렵지 않을 거다.

어떠한 어려움 앞에서도 무너지지 않는 마음을 갖길 바란다. 한 학기 동안 모든 과정을 무사히 마쳐줘서 고맙다.

아이는 단어를 경험하며 성장한다

단어를 현실에서 하나의 과정으로 구체화하는 것이 언제나 문제가 된다. 사실 거의 모든 문제는 '알고 있다'고 느끼는 단어를 '실체화'시킬 때 발견하게 된다. 한 달 전에 계획문서를 작성했다. 차기 학생회장단선거를 치르기 위한 계획이었다. '학생회장단선거'라는 말이 가리키는 것은 많은 일이 함축되어 있다.

후보자 공약 토론회

후보자 등록을 받았다. 세 팀이 등록했다. 아이들은 각자 개성이 있었다. 나는 선거에 필요한 물품 구입 계획과 선거관리위원회에서 선거물품을 빌릴 공문을 썼다. 선거관리위원회를 구성하고 각자 임무를 조정했다. 토론회를 계획하고 학생선거관리위원회에 토론 진행을 맡겼다. 후보자와 선거관리위원 학생들은 인생에서 가장 중요한 순간을 사는 것처럼, 공약을 검증하고 토론을 준비하며 당선을 위해 애썼다.

선거운동

구리시 선거관리위원회에서 물품을 빌려왔다. 선거장소를 꾸미고, 각 러닝메이트 후보 팀이 추천한 참관인이 투표장에 입회해서 투표를 진행했다. 장난으로 도장을 흘기고 가는 학생보다 진지하게 찍는 학생이 많아서 다행이었다.

투표

7월 12일. 오전 내내 선거가 진행됐고, 오후에는 개표를 시작했다. 유권자와 실제 투표 개수가 정확하게 맞았을 때, 선관위 학생들은 쾌감을 느꼈다고 했다.

차기 학생회임원 면접

학생회장단이 당선되었다. 다음날, 나는 당선인 공고문을 게시했고, 학생회는 다음 학기부터 시작되는 임기를 같이 이끌어 갈 학생회임원진을 꾸리기 위해 청문회(면접에 가까운)를 진행했다. 이것 역시 세상에서 가장 중요한 일인 듯이, 학생회 임원들은 또 오롯하게 그렇게 하루를 썼다.

나는 학생들이 움직이며 구체적으로 만들어낸 과정을 보고서로 작성했다. 당선증과 임명장을 출력하고, 대의원회 조직도를 만들었다. 아이들은 딱 한 단어, '학생회장단선거'에 담긴 말을 한 달 내내 경험했다. 학생들이 7음절의 말에 담긴 구체적인 과정을 흠뻑 경험했기를 바랐다.

모든 일이 한마디로 눙칠 수 없음을 깨닫는다면 좋겠다. 한 단어에서 수많은 과정을 상상할 수 있으면 더 바랄 것이 없겠다.

자존심과 자존감

3학년 1학기가 마무리되어 간다. 벌써 7월도 절반이 지났어. 그렇게 지나온 시간을 알차게 보내왔다면 좋겠다. 이번 주말에 한번 돌아보렴. 한 학기 동안 행복하고 뿌듯하게 살았는지, 그저 즐거워하며 흘려보냈는지.

자기 자신을 사랑하는 감정은 두 종류가 있어. 자존심과 자존감. 이 두 감정은 모두 과거의 경험을 토대로 만들어지게 돼. 자존심은 다른 사람과 비교해서 내가 얼마나 뛰어난가를 확인하며 나를 사랑하는 감정이야. 경쟁에서 뒤처지지 않을 열정을 주기도 하지.

그런데 자존심에는 치명적인 약점이 있어. 자기의 단점과 비어 있는 부분을 못 보게 만들기도 하거든. 과거의 성공을 크게 보고, 새로운 상황을 별것 아닌 것처럼 여겨서 방심하게 만들어. 채워야 하는 부분을 놓치게 만드는 경우가 많기도 하고. 단 한 번의 실패에도 충격을 받아 깨지기 쉬운 사랑이기도 해.

반면에 자존감은 성공과 실패에 달려 있지 않아. 나와 비교할 상대가 필요하지 않지. 자존감은 자신이 스스로에게 느끼는 가치를 인정하는 마음이야. 스스로가 정한 높이에 내가 얼마만큼 도달했는지 점검하며, 자신을 사랑하는 마음이거든.

자존감은 주변 환경이 주는 아픔에 큰 상처를 입지 않게 해주기도 해. 자기 마음을 따뜻하게 보듬어주는 보호막이지. 하지만 단점도 있어. 보호막이 너무 두텁게 되면, 자신의 한계를 낮게 정하고 그 수준만 도달하면 만족해버리는 나태함에 닿기 쉬워져.

나는 네가 자존심과 자존감 모두 갖춘 사람이 되었으면 좋겠어. 어느 하나의 방법만 가지고 살아가기는 어렵거든. 선의의 경쟁이 필요한 경우라면 자존심을 갖고 최선을 다하기를 바라. 그리고 자신의 가치를 다른 사람의 판단에 의존하지 않고, 스스로 자신을 평가하고 목표를 설정하는 사람이 되었으면 좋겠어.

진심으로 사랑하게 되면 상대의 부족한 점은 안아주고 싶어지고, 나의 부족한 점은 갈수록 크게 느끼게 돼. 사랑하는 사람에게 부끄러운 모습을 보이지 않기 위해, 끝없이 자신의 모습을 돌아보고 채우게 만드는 감정이 사랑일 거야.

사랑은 이해하기 어려워. 일방적으로 할 수 있는 게 아니거든. 먼저 자신을 제대로 사랑하는 방법을 깨달아야 해. 그 뒤에야 곁에 있는 사람마다 적절한 방법으로 사랑할 수 있을 거야. 나는 네가 자존심과 자존감을 모두 갖추고 사랑할 줄 아는 사람이 된다면, 더 바랄 게 없겠다.

액체로 된 몸

한 달이나 됐던 방학은 일주일 같더니, 5일밖에 안 되는 이번 주는 한 달 같더라. 몸은 의식보다 무의식과 습관을 더 가깝게 여기는 것 같아. 그래서 편하고 즐거운 일을 할 때는 몸도 피곤하지 않지만, 의식적으로 해야 하는 일을 할 때는 몸이 뜻대로 안 되나 봐. 나도 찌뿌둥하고 나른한 한 주였는데, 생각해보니 이유가 있었어.

방학 때 칼 세이건의 『코스모스』를 읽었어. 모든 물체는 우주의 법칙을 따를 거야. 지구에 존재하는 모든 사물과 사람은 물리 법칙을 거스를 수 없는 것처럼. 너와 나의 몸을 이루는 것 중에 가장 많은 것은 물이지. 인체의 약 70%가 물이라더라.

고체는 의지를 가지고 힘을 쓰면, 곧 원하는 방향으로 움직여. 그런데 단단한 뼈보다 물이 더 많은 우리 몸은 의지대로 잘 되지 않아. 액체인 물은 고체보다 관성이 더 크니까. 움직이고 있을 때는 그 방향을 따라 쉽게 쏠리지만, 움직이는 물을 갑자기 멈추면 출렁대다가 그릇을 넘치고 말지. 우리 몸도 그렇지 않을까 싶었어. 받아들일 수밖에 없는 우주의 법칙처럼.

그래서 개학은 힘들어. 물을 품고 있는 몸을 일으켜야 하니까. 한 달 동안 묵었던 무의식과 습관을 털어내야 하니까. 그렇다고 단번에 시작해야 하는 건 아닐 거야. 물론 의지가 강한 사람은 온몸을 재촉해서 일으키기도 하겠지만. 그럴 수 있는 사람이 대단한 것이지, 그렇게 하지 못하는 게 못난 것은 아니라고 생각해. 물그릇의 물이 넘치지 않게 움직이는 데에 요령이 필요한 것처럼 우리 몸도 같을 거야.

이번 주가 물그릇을 천천히 움직이듯, 몸을 깨운 한 주라고 생각하자. 그래서 수업도 가벼웠고, 화요일에는 하루 종일 창의적 체험활동만 했던 거야. 다음 주부터는 조금씩 속도를 낼 거야. 3학년 2학기는 바쁜 듯 여유롭고, 여유롭다고 느끼다가 어느 순간에 갑자기 바빠질 거야. 몸에 품고 있는 너의 물이 쏟아지지 않게, 생활 속도를 잘 조절하렴.

내가 어느 정도로 속도를 내야 좋을지 알기 위해서는 달력을 봐야 해. 앞으로 다가올 일정을 미리 알면 속도를 가늠할 수 있거든.

너의 몸에 맞는 리듬을 찾고, 아직 다 채우지 못한 부분이 있다면 어느 날짜에 채워 넣을지 고민하고 계획하렴. 그러면 마음의 부담과 피로는 있어도, 시간에 쫓기는 괴로움은 없을 거야. 시간의 리듬을 타면서, 고입을 준비하자.

성급한 판단은 위험해

24절기에 대해 들어본 적 있니? '입춘, 하지, 동지' 같은 말. 달력에 작게 적혀 있는 것을 본 적이 있을 거야. 그럼 그 24절기는 음력이 기준일까, 양력이 기준일까? 옛날부터 내려오는 명칭이고, 달력에 작은 글씨로 적혀 있으니까 아마도 음력을 따르겠지—라고 생각한 사람은 "땡! 틀렸습니다." 24절기는 음력이 아니라, 태양의 움직임을 기준으로 정한 양력과 일치하거든. 깊이 생각하지 않고, '대체로 그러니까 이렇겠지'라고 어림짐작하는 순간 잘못된 판단을 할 때가 많아.

남자는 남성다움만 있고 여자는 여성다움만 있을까? 어떤 남자는 다수의 여자들보다 특별하게 섬세한 감수성을 갖고 있기도 해. 어떤 여자는 다수의 남자들보다 뛰어난 용기와 적극성을 보이기도 하고. 이 '어떤 남자'와 '어떤 여자'가 이상한 사람일까. 일반적으로 사람들은 '남자'라는 단어에 어울리는 속성이 있다고 생각하는 것 같아. '용기, 힘, 거침, 경쟁심, 전투적'과 같은. '여자'라는 단어에도 적합한 속성이 있다고 여기고는 하지. '아름다움, 소극적, 포용적, 대화, 감수성'과 같은.

우리가 생각하고 있는 '남자의 속성'과 '여자의 속성'도 '그냥 그렇겠구나' 하며, 지나쳤던 24절기와 같은 오류일지 몰라. 24절기는 오래됐지만, 음력을 따르지 않고 태양을 기준으로 한 양력을 따르는 것처럼. 남자와 여자는 서로 동등한 '사람'이야. 남자여서 거칠고 강한 것이 아니며, 여자라서 약하고 소극적인 것이 아니야. 한 사람의 마음속에는 '남성적인 속성'과 '여성적인 속성'을 모두 품고 있는 게 아닐까. 남자라서, 또는 여자라서 못한다거나 잘한다는 이야기는 하지 말자.

나는 네가 타고난 외모나 신체조건, 가정 형편으로 다른 사람을 평가하지 않는 사람이 되었으면 좋겠어. 어떤 사람이든 개성을 가진 사람으로 봐야지만 제대로 알 수 있거든. 너처럼 개성이 독특한 사람도 '중학생', '16세 남학생'처럼 어느 집단 속에 던져놓고 보게 되면, 너의 진짜 모습은 알아볼 수 없으니까. 자신의 모습, 다른 사람의 모습을 성급하게 판단하는 실수는 하지 말자.

'절대'와 '당연한 것'은 없다

'절대'는 없다. 세상의 모든 것을 준다고 해도 바꾸지 않을 것 같았던 사랑도 변할 수 있어. '이거 아니면 난 끝이야', '인생 망했어'라는 말은 '스스로 생각하지 않는 사람'의 변명이라고 나는 생각해. 세상은 뜻대로 되는 것보다 뜻밖에 벌어지는 일이 훨씬 더 많거든. 그런 일이 벌어질 때마다 분노하고 좌절하면, 인생이 너무 피곤해지지 않을까.

우리가 세우는 계획은 '나'를 제외한 다른 모든 것이 변하지 않는다는 것을 전제로 마련하는 거야. 그래서 우리는 평가 기준이 달라지고, 대학입시가 변화할 때마다 분노하게 되는 거지. 우리가 세웠던 계획이 어그러지니까. 나도 중고등학교 때 생각했던 진로, 계획도 많이 바뀌었어. A안에서 B안으로, 다시 C안으로 몇 차례나 말이야.

이상(ideal)과 현실(reality) 사이에서 균형을 잘 잡아야 해. 우리의 삶을, 밤바다를 항해하는 것이라고 생각해보자. 이상은 각자가 나아가야 할 방향을 알려주는 북극성과 같은 거야. 역풍이 불면 앞으로 나아가기 위해 지그재그로 움직이기도 하고, 암초가 있다면 우회하기도 하잖아. 그럴 때 도착해야 할 방향을 지켜주는 붙박이별이 되는 게 이상이야. 현실은 바다 위에서 벌어지는 모든 조건과 사건들과 같아. 가려는 방향과 맞는 순풍이 불거나, 반대로 역풍이 불거나. 또는 잔잔하거나 높은 파도가 덮치거나 하는 일들처럼.

지금보다 더 나은 삶과 이상을 꿈꾸지 않는 사람의 현실은 무거워. 자기 눈앞에 있는 문제들에 묻혀서, 진짜 나아가야 할 방향을 잃어버리기도 하거든. 조각케이크처럼 작고 짧은 행복에 위로받으며, 현실 속 다른 문제를 가려버리고 말지. 우리가 이상을 꿈꾸며, 현실을 보려고 노력해야 하는 이유는 삶에 숨어 있는 '문제점'을 발견하고 해결하기 위해서야. 현실 문제에만 짓눌리면 이상은 보이지 않고, 현실 문제에서도 벗어날 수 없어.

대체로 우리의 문제는 이상과 현실 사이에서 어느 하나만 편식하기 때문에 생기는 것 같아. 현실적인 상황을 돌아보지 않고 이상만 꿈꾸는 것은 '공상과 몽상'이야. 속이 텅 빈 조개껍데기와 같아. 하늘을 바라보지 않고 땅만 보며 걷는 것은 '비관과 염세'에 빠지기 쉬워. 모든 것이 부정적으로 보이고 이 세상이 비참하게 보이게 되지.

우리의 삶은 문제로 가득해. '어느 고등학교에 갈까', '공부를 하는데 성적이 왜 잘 오르지 않을까', '저 친구는 왜 저런 말과 행동을 할까'처럼 개인적인 문제도 많을 거야. 그런데 문제를 어느 높이에서 보느냐에 따라 해결책의 높이도 달라진단다.

  삶에서 절대 안 되는 것은 없어. 절대 맞는 답도 없고. 현실 또는 이상, 어느 것을 먼저 보느냐는 중요하지 않아. 현실을 좀 더 보는 사람은 보다 더 꼼꼼하게 계획을 세울 수 있는 힘이 있지. 이상을 좀 더 보는 사람은 지치지 않고 계획을 실천해낼 수 있어. 밤하늘의 북극성을 바라보고, 지금 불어오는 바람과 파도가 어떤지를 번갈아 생각해보렴. '절대'로 안 되는 것도 없고, '당연한 것'도 없다. 내가 네 삶에서 확신할 수 있는 건, 네 삶에 '가능성'이 있다는 거야.

넌 꿈이 뭐니?

많은 사람들이 네게 물었을 거야.

"넌 꿈이 뭐니?"

어떤 사람은 쉽게 대답할 수도 있겠지만, 대부분은 대답을 잘하지 못했을 것 같아. 나는 그 질문이 가끔, 가혹하다는 생각이 들더라. 이제 겨우 만 15년을 살아낸 사람에게 '장래 무슨 직업을 가질 거냐?'고 묻는 말은 마치 해맑은 강아지에게 돌멩이를 던지는 것 같아서 나도 물을 때마다 마음이 무거웠어.

'꿈'이 '장래희망'이나 '직업'만을 의미하지는 않아. '한복 입고 세계일주하기'가 될 수도 있고, '전 세계의 커피를 모두 마셔보겠다'는 것도 훌륭한 꿈이 될 수 있지. 단순히 즐거울 것 같아서, 행복할 것 같아서, 해보고 싶어서. 이런 이유가 사람을 움직이는 가장 큰 힘이 될 때가 많아. 나는 네가 무엇을 할 때 '즐겁고, 행복한

지', 또는 무엇을 해보고 싶은지를 깨달았으면 좋겠어. 그게 학생 시절의 가장 큰 숙제야.

꿈은 따로 시간을 내서 고민할 때 피어나는 거야. 어느 날 갑자기 주어지는 게 아니란다. 국어 시간에 '무식하면 용감하고, 알아갈수록 겁이 생긴다'는 이야기를 한 적이 있지? 무식하다는 것은 멍청하다는 말과 다른 뜻이야. '모르는 사람'은 주변 상황은 고려하지 않고 움직여서, 위험을 인식하지 못한 채 다칠 위험이 커. '알고 있는 사람'은 상황을 살피느라 겁쟁이처럼 보일 때가 많고.

진짜 힘이 있는 사람은 '나를 알고, 세상을 살피는 사람'이라고 생각해. 진짜 힘은 지식과 경험을 쌓고, 자신을 돌아보는 시간을 가질 때 나오거든.

지식과 경험, 둘 중에 어느 것이 더 중요할까? 나는 '경험'이라고 생각해. 직접 가서 보고, 듣고, 관찰하고, 다른 점을 비교하고, 생각하는 '직접 경험'이 가장 좋으니까. 여행과 실험, 체험학습이 가장 훌륭한 학습 방법일 거야.

안타깝게도 우리는 시간과 돈이 부족하고, 염산과 우주는 너무 위험해. 그래서 대신 접하는 게 책과 사진, 영상자료와 같은 간접 경험을 하는 거지. 다양한 책과 영화, 그림을 보고 음악을 들으면 모든 것이 너의 경험이 돼. 그 경험은 나중에 네가 필요할 때 조립해서 새로운 생각을 만들어낼 수 있는 레고 블록이 될 거야.

경험이 내 몸에 차곡차곡 쌓였을 때 비로소 꿈이 피어오르게 된단다. 달인 김병만 아저씨가 '정글의 법칙' 초창기에는 불을 피우기 위해 애쓰다가, 점점 다양한 경험을 하면서 생존 프로가 되어버린 것처럼.

다양한 분야에서 애쓰는 시간과 과정이 필요해. 지금 약간의 흥미라도 느끼는 것이 있다면, 스스로 찾아서 경험해보렴. 꿈을 피워낸다면, 그 꿈을 현실로 만들기 위한 길은 어렵지 않게 찾을 수 있으니까.

크로노스와 카이로스

연휴다. 9월과 함께 여름도 끝났고. 개학하고 5주가 지나갔어. 나의 5주는 빼곡함과 느슨함이 반반이었는데, 네게 다섯 번의 일주일은 어땠는지 궁금하다. 시간은 두 가지 종류로 흘러. 모두에게 평등한 시간과, 나에게만 특별한 시간이 있거든. 아마 너도 경험한 적이 있을 거야. 이 두 가지 시간의 흐름의 이름이 있어. 그리스 신화에서 이름을 빌려 붙인 '크로노스(Cronos)'와 '카이로스(Kairos)'.

크로노스는 공평해서 감정이 없어. 하루는 24시간이며 1년은 365일이고, 생명이 있는 것은 죽을 때가 되면 죽는다. 그리고 하나의 생명이 죽어도 무심하게 일정한 속도로 지나가는 시간을 의미해.

반면에 카이로스는 감정을 담아 기억을 새겨. 어떤 하루는 12

시간처럼 느껴지고, 어떤 하루는 48시간처럼 느껴지는 거지. 1년은 순식간일 때도 있고, 영원처럼 느껴질 때도 있어. 사람들과 맺은 관계를 깊이 기억하며, 내가 죽어도 나와 함께 시간을 나눈 사람들이 기억하면 언제든 돌아오는 시간이야. 때로는 빠르게, 때로는 천천히 흐르는.

크로노스와 카이로스는 서로 오갈 수 있어. 스스로 아무것도 경험하지 않고 의미를 부여하지 않으면, 무심한 크로노스가 인생을 집어삼킨단다. 절대 잊히지 않을 경험을 하고 행복하거나 슬픔을 느끼면, 그 시간이 '시각(時刻)'으로 바뀌어 카이로스가 나타나는 거야. 마음에 새겨지는 시간이 되는 거지. 카이로스와 친한 사람의 삶은 빼곡한 앨범처럼, 사진과 짧은 동영상으로 가득한 인스타그램처럼 흥미진진해진단다.

나는 네가 카이로스와 친해지면 좋겠다. 그러기 위해 필요한 능력이 있어. 세계에 대한 감수성. 거칠게 말하자면, 네 주변 사람들이 어떤 기분과 마음인지 살펴서 눈치 채는 능력이야. 상황과 맥락을 이해하는 능력이기도 하고. 다른 사람의 아픔과 행복을 진심으로 이해하고 공감하는 능력이기도 해. 그렇게 나의 말과 행동을 상황에 맞게 조절할 줄 아는 것이 '세계에 대한 감수성'이야. 그 능력을 갖춘 사람이 카이로스의 절친이 될 수 있을 거야. 나는 네가 다른 사람을 생각할 줄 아는 사람이 되어서, 삶을 빼곡하게 가꾸며 살아갔으면 좋겠어.

열흘 동안 쉴 수 있는 시간이야. 시험공부 때문에 마음이 가볍진 않겠지만. 시간을 촘촘하게 잘라서 정리해보렴. 시간의 양보다 중요한 건, 밀도거든. 짧은 시간을 보내더라도 감정, 기억, 생각으로 빼곡하게 보낸다면 좋겠다.

정답 자판기

연휴가 끝나자마자 시험이라니, 믿기지 않겠지. 나도 부담스러 우데 네 마음은 얼마나 무거울까. 그런데 나는 요즘에 점점 더 이 런 시험공부에 회의감이 들어. 단순히 역사적 사건의 날짜를 외 우고, 자판기 버튼을 누르자마자 캔을 떨어뜨리듯 답을 뱉기 위 해 시간을 쏟는 일이 정말로 너를 성장시킬까.

추석 연휴에는 책을 읽었어. 유발 하라리의 『호모 데우스』가 가장 큰 충격이었다. 컴퓨터 공학과 생물학의 발전은 인간의 직 업만 빼앗는 게 아니라, 인간의 '종'을 새롭게 가를 수도 있겠구 나 싶었어.

'사물 인터넷'은 더욱 넓게 퍼져서, 조만간 모든 사람들은 운전 하지 않게 될 수도 있겠구나 생각했고. 나도 집에서 에어컨, 세탁 기, 건조기, 로봇청소기를 모두 와이파이(Wifi)로 연결시켜서, 스마트폰으로 한꺼번에 사용하고 있거든. 언젠가는 사물들끼리 소통하면서 사람의 지시를 받지 않을 수도 있겠더라. 그러던 차에 뉴스를 봤는데, 한 대형마트에서 24시간 무인편의점을 시험 운영한다는 소식에 깜짝 놀랐어. 아, 이제 편의점 아르바이트 자리도 점점 줄겠구나.

같은 과정을 반복하는 육체노동이 모터와 기계로 대체된 것처럼, 반복적인 정신노동도 곧 모두 바뀌게 되겠지. 이미 맥도날드, 버거킹과 같은 햄버거 가게의 주문은 무인안내기-자동주문으로 바뀌었잖아. 편의점 아르바이트생의 일자리도 사라지게 되겠지. 일반 사무직 회사원의 미래도 어둡고. 회계사, 세무사, 변호사, 진단만 내리는 의사, 파일럿, 소방관, 경찰, 그리고 교사도 아주 핵심적인 업무만 사람이 맡고, 반복 작업은 사람의 일이 아니게 될지 모르겠다. 물론, 한순간에 모두 바뀌지는 않겠지만.

지금 네가 중학교에서 공부하는 것들은 세상을 이해하기 위해 반드시 알아야 할 기초 지식이야. 예를 들면, 국어와 사회, 과학 과목에서는 글의 내용을 정확하게 읽고, 주어진 내용을 바탕으로 추론하며 이해하는 능력을 기르는 거지. 앞으로 세상이 어떻게 달라질지 아무도 몰라.

잠시 떠올려 보자. 스마트폰은 겨우 10년 전에 등장했는데, 10년 만에 우리 삶을 얼마나 많이 바꿔버렸는지. 10년 전에 유튜브나 넷플릭스 같은 서비스를 TV보다 더 많이 보게 될 줄 상상이나 할 수 있었을까. 네가 사회인이 될 10년 뒤에는 또 어떤 기술이 우리 모습을 어떻게 바꿔 놓을까.

그래서 지금은 다양한 분야를 접해보는 게 중요해. 학교에서 많은 교과를 배우는 까닭은 여러 종류의 생각 실마리를 붙여 놓는 일이거든. 당장은 필요하지 않더라도, 필요할 때 빨리 찾을 수 있는 해시태그를 붙이는 작업인 거야. 생각은 사실, 하겠다고 마음먹어도 '생각 재료'가 없으면 할 수 없는 일이기도 하고. 창의성은 신이 세상을 창조하듯 나타나지 않아. 주변 상황의 변화를 알아채고, 앞으로 사회가 바뀔 방향을 가늠할 기초 체력이 필요해. 그때 활용할 수 있는 도구가 교과서이고, 트레이너 역할을 선생님이 하는 거지.

교과서에 실린 개념이 어떤 맥락에서 발견되었고, 현재 어떻게 쓰이고 있는지 연습해야 해. 소설을 예로 들면, 읽을 때 작품 내용을 이해하고 감상으로 그치는 게 아니라, 너의 삶과 우리 사회의 모습을 연결 짓는 연습을 하는 거야. 생각하고 정리하는 일도 훈련이 필요하거든. 차근차근 생각하고 따져가며 이해하는 과정은 지루할 수도 있어. 그런데 결과를 만들어낸 과정과 맥락을 고려하지 않는 순간, 우리는 정답 자판기가 될 거야. 그때는 정말 인공지능이 우리를 비웃고 말 거야. 우리, 정답 자판기가 되지 말자.

행복과 불행을 마주하는 네 가지 태도

시험 치르느라 수고 많았어. 시험 기간 내내 점수가 나오지 않아서 화를 내고, 억울해서 우는 모습을 봤어. 억울해하며 화를 내고, 우는 네 모습이 오히려 좋아 보이더라. 아무렇지 않게 털어버리는 모습보다 좋았어. 괴로워한다는 것은 마음을 온통 쏟은 사람만 겪을 수 있는 감정이거든. 스스로 기울인 노력은 결과에 대한 '기대'를 높이기 마련이니까.

'기대'는 행복을 결정하는 기준이란다. 스스로 자신을 높이 평가하고, 열심히 노력했다면 '높은 기대'를 갖게 된다. 반면에 아무것도 하지 않았다면 기대도 실망도 하지 않아. '성적'은 기대를 확인하는 순간일 거야. 그런데 행복은 결과가 기대를 맞추거나, 뛰어넘었을 때에만 우리에게 찾아와. 불행은 결과가 기대에 미치지 못할 때, 스스로 마음과 몸을 깊이 찌르는 고통이지.

불행을 마주하는 사람은 두 부류가 있는 것 같더라. 하나는 결과를 '사실'로 받아들이면서도 자신에 대한 기대를 낮추지 않은 채, '기울인 노력'이 부족했다고 이해하는 사람. 이런 사람은 지치지만 않는다면, 매일 성장하게 돼. 또 다른 하나는 결과를 '부정'하고 '기울인 노력'이 자신의 최대치라고 여기면서, 자신에 대한 기대를 깨뜨리는 사람이 있어. 이런 사람은 더 이상 자라지 않고 그 자리에 멈춰서 무너져버린다.

행복을 마주하는 사람도 두 부류가 있어. 하나는 '노력-기대-결과'가 조화를 이뤄서 스스로 뿌듯함을 느끼는 사람. 이런 사람은 그 행복을 누려도 된다고 생각해. 그런데 위에서부터 얘기한 네 부류의 사람 중에 가장 걱정되는 사람이 있어. 노력을 하지 않아서 큰 기대도 없었는데, 뜻밖에 높은 결과를 얻게 된 '찍기의 신'이 내린 경우. 그 순간에는 행복의 비명을 질러도 좋을 거야. 그런데 이런 사람은 다음에도 행운을 바라며, '노력'을 하지 않을 가능성이 커.

'노력'과 '결과'는 정비례하지 않아. 100의 노력을 쏟았을 때, 반드시 100이 돌아온다는 보장이 없어. 진짜 삶은 '롤플레잉 게임'이 아니거든. 100의 노력이 80이 될 수도, 120이 될 수도 있어. 우리는 그때마다 슬퍼하고 기뻐해야 할까. 나는 차근차근 쌓인 진짜 실력은 어느 순간 빛나게 된다고 믿어. 빛나는 사람의 말 한마디는 무겁거든. 그 사람에게는 세상을 읽는 힘이 있어서, 다른 사람들이 그의 말과 지혜에 기대게 되기도 하고.

나는 네가 우연에 의존하지 않길 바라. 뜻밖의 좋은 결과에는 겸손할 줄 알고, 의외의 낮은 결과를 마주해도 좌절하지 않고 자신을 돌아볼 줄 아는 사람이 된다면 좋겠어. 그렇게 몇 년 지내며 진짜 실력을 닦으면, 머지않아 스스로 빛나는 사람이 되지 않을까.

혼자만 잘살면 무슨 재미가

이제는 공기가 차갑다. 집에 들어가면 창문을 열고, 보일러를 켠다. 바닥이 따뜻해야 마음이 편안해지더라.

수요일 종례시간에 큰소리를 내고 마음이 불편했다. '더 참아야 했나, 아니면 좀 더 일찍 잘못을 알려주고 웃으며 대화를 했어야 했나.' 하고. 나는 우리 반, 우리 학교의 단 한 명도 버릴 수가 없다. 떠들고, 예의 없고, 수업 시간에 방해를 하고, 지각하며, 공부에도 전혀 관심이 없는. 또는 자신의 공부만 챙기고, 개인주의가 지나쳐서 이기주의자처럼 보이는 사람도 포기할 수가 없다.

한 사람 한 사람, 모든 '너'는 소중한 존재다. 공부를 못하거나 안 하는 것은 정말 사소한 문제야. 학교 공부로 성공하는 것이 이 사회에서 가장 손쉬운 성공 방법이기 때문에, 부모님과 선생님들이 강조할 뿐이지. 진짜 중요한 것은 다른 사람과 함께 어울려 살아갈 수 있는 사람이 되는 거야. 나는 주변에 폐 끼치지 않고 자기 책임을 다하는 사람이 반갑다. 나만 그렇게 생각하지는 않을 것 같아.

나는 네가 돈을 잘 벌고, 사회적으로 이름난 사람이 되기를 바라지 않는다. 장소와 시간에 맞는 예의를 갖춰서, 다른 사람들에게 폐 끼치지 않기를 바랄 뿐이야. 그런 삶의 태도가 다른 사람들과 함께 살아가는 기본자세가 되거든.

혼자서 모든 문제를 해결할 수는 없어. 어려운 문제가 생기면 다른 분야에 있는 다양한 사람들과 대화를 나누며 답을 찾아가면 되는 거야. 혼자만 잘살면 무슨 재미가 있겠니. 친구와 함께, 우리 모두가 함께 잘살아야 더 많은 재미가 있지 않을까. 남은 시간도 잘 지내보자.

두 가지 부탁

오늘 2교시에 학급회의를 하면서 깜짝 놀랐어. 아무렇지 않게 '말장난'으로 서로에게 상처를 주며 웃고 있더라. 누구도 소중하지 않은 사람은 없다. 특히 너처럼 무엇이든 될 수 있는 청소년들은 더욱 귀한 거야. 그래서 세월호가 침몰했을 때, 나는 어금니가 흔들릴 정도로 이를 깨물고 분노했어. 수백 개의 가능성이 사라졌기 때문에.

말과 글은 그 사람의 마음을 드러낸다. 어떤 생각을 하는지 말과 글을 보면 알 수 있어. 물론 처음부터 말과 글을 훌륭하게 할 수는 없을 거야. 사실 지금 우리 사회에는 군더더기 없이 명료하게 말할 줄 아는 사람이 드물거든. 명쾌한 글을 써내는 사람도 귀하지. 나는 네가 바라는 것을 자기 말로 표현할 줄 알고, 글로 써낼 수 있는 사람이 되었으면 좋겠어. 그렇게 말과 글로 다른 사람과 소통할 줄 아는 사람을 많이 길러내는 것이 국어교사로서 정체성을 가진 나의 소명이겠지. 대화가 통하면 미움, 분노가 자연스럽게 줄어든단다.

소통할 줄 아는 인간의 씨앗을 짓밟고, 뿌리부터 썩게 만드는 독약이 있어. 다른 사람을 비방하는 말과 글, 그리고 입버릇처럼 내뱉는 욕설. 사람은 원하는 것을 제대로 표현하지 못하고, 누구에게도 이해받지 못할 때 불만이 생기게 돼. 불만은 별것 아닌 일에도 자꾸만 너를 울컥거리게 만들기도 하고. 너에게 부탁이 있어.

첫째, 말하기 전에 생각을 하자. 내가 웃자고 꺼내는 말에 상처받는 사람은 없을까. 외모를 평가하고 놀리는 말은 면도날보다 날카롭고 매섭다. 꺼내기도 쉽다. 하지만 그 말을 직접 또는 간접적으로 듣게 되면, 마음에는 큰 생채기가 생기게 돼. 나는 개인의 노력으로 바꾸지 못하는 것을 지적하고 놀리는 일처럼 비겁한 장난은 없다고 생각해. 그리고 사람의 마음에 난 상처는 쉽게 아물지 않아. 독처럼 쌓이다가 언젠가는 말로 상처 입힌 사람에게까지 그 독이 퍼지고 말게 돼.

둘째, 욕설은 목숨이 걸린 상황이 아니라면 하지 말자. 내가 학급회의 시간에도 말했지만, 욕설은 너의 생각이 자라는 걸 막는단다. 욕설은 논리적인 생각과 감정을 차근차근 풀어낼 기회를 막아버리는 장애물이야. 뇌세포의 연결을 '진짜로' 끊어버려서 조금만 어려운 단어나, 겹문장이 나오면 이해할 수 없게 돼. 깊은 생각은 계단을 오르듯이 하나씩 이야기를 해야 처음 듣는 사람도 이해할 수 있어. 그런데 욕은 복잡한 내용과 감정을 마구잡이로 뭉쳐서 상대에게 내던지는 거란다.

스스로 자신이 '더 나은 사람이 되어야겠다'고 마음먹을 때, 지금보다 훨씬 좋은 사람이 될 수 있어. 나는 '말하기 전에 생각하기'와 '욕하지 않기' 두 가지가 좋은 사람의 기본자세라고 생각해. 이 두 가지만 우선 지켜보면 어떨까.

네가 어른이 되어 살아갈 세상은

　진학 상담을 하면서 걱정과 기대가 오갔다. 중학교 3년을 어떻게 생활했는지, 그 결과를 내신 성적 숫자로 확인했어. 성적이 높으면 높은 대로, 낮으면 낮은 대로 어떻게 이야기를 시작할까 고민했다. 결과, 숫자, 성적은 냉정하다. 아침에 일어나는 순간이 귀찮았던 흔적, 학교 규칙을 어긴 사람들의 흔적들이 남아 있더라. 아마 내신 점수를 보고 놀랐을 수도 있겠다. 겁을 주려는 것은 아니지만, 네가 살아온 시간은 다른 사람들이 지켜보고 있단다.

　특별한 고등학교에 간다고 반드시 좋은 대학에 진학한다는 보장은 없어. 평범한 고등학교에 간다고 좋은 대학에 못가는 것도 아니고. 또, 일반계 고등학교가 아니라 특성화 고등학교에 간다고 대학을 못 가거나, 인생에서 실패하는 것도 아니야. 게다가 좋은 대학에 간다고 인생의 승리자가 되는 것도 아니거든. 그런데,

좋은 대학을 졸업하고, 남들이 부러워하는 직업을 갖고 돈을 많이 버는 삶이 성공한 삶일까?

앞으로는 많은 부분을 인공지능이 대체하게 될 거야. 사람의 일자리는 점점 더 줄어들 수밖에 없겠고. 우린 앞으로 성적이 높은 사람을 '뛰어난 인재'라고 생각하지 않게 될는지도 몰라.

네가 어른이 되어서 살아갈 세상은 이런 사람을 '인재'라고 말할 가능성이 높아. 함께 있으면 의지가 되는 사람, 주변을 즐겁게 만들 줄 아는 사람, 실수와 실패를 두려워하지 않고 시도하는 사람, 꾸준하고 성실해서 앞으로 어떤 행동을 할지 예측이 되는 사람.

의지가 되는 사람은 쉽게 무너지지 않는다. 작은 일에 호들갑떨지 않고, 큰일에 담대하다. 유머감각이 있는 사람은 모두에게 힘을 주기 때문에, 지옥에서도 사랑받을 수 있어. 계속 시도하는 사람은 새로운 세상의 문을 가장 먼저 열게 될 거야. 행동이 예측되는 사람은 모두에게 믿음과 편안함을 준단다. 계산이 빠르고 머리가 뛰어난 사람도 단순 반복 작업에서는 인공지능을 뛰어 넘을 수 없어. 네가 어른이 되어 살아갈 세상은 사람다운 사람이 존중받게 되지 않을까?

네가 스스로 그런 사람이 되기 위해 애쓰면 좋겠다. 단순히 학교 공부를 잘한다고 달성할 수 있는 일도 아니고, 시작과 끝이 뚜렷한 것도 아니야. 그저 한 걸음 뒤로 물러나서 상황을 바라보고, 다시 또 두 걸음 다가가서 자세히 살펴보는 태도가 필요해. 그리고 끝없이 스스로 질문하고, 답을 찾고, 고민하는 습관을 길러야 한다. 중학교, 고등학교, 대학교에서 하는 공부는 모두 '새로운 세상의 인재'가 되기 위해 연습하는 과정이어야 해. 결국 세상은 사람과 사람이 만들어 가는 것이니까.

사람 사이에도 작용-반작용의 법칙이

어제는 묘한 기분으로 보낸 하루였어. 수능감독을 올해 처음 하게 되었거든. 작년까지 근무했던 학교는 수능고사장도 아니어서, 수능고사장 준비를 어떻게 해야 좋을지조차 머릿속에 그려지지 않아서 마음이 분주했어. 그래도 네가 사물함, 책상 서랍을 깨끗하게 잘 비워줘서 고마웠다. 끝까지 남아서 정리를 도와준 여덟 명에게는 더욱 큰 고마움을.

어젯밤에는 눈이 내렸더라. 11월 중순에 눈이 쌓일 정도로 내릴 줄은 생각도 못 했는데. 아침에 일어나서 창밖을 봤더니, 가지마다 눈이 켜켜이 쌓인 소나무가 보였어. 얼마 전까지 여름이었는데, 가을을 누리지도 못한 채 난데없이 겨울을 맞아버린 기분이 들었어. 그래도 눈이 쌓인 창밖 풍경은 괜히 마음을 들뜨게 하더라.

당부하고 싶은 말이 있어. 다음 주면 중학교에서 치르는 마지막 시험도 끝나. 중간고사를 치른 지도 얼마 되지 않아서 아직, 시험 자체를 너의 몸이 거부하고 있는 것도 이해돼. 하지만 시험과 기회는 버스와 같아. 한번 놓치면 다음 버스가 올 때까지 기다려야 한다. 그런데 한번 보내고 나면, 금세 오는 경우도 있지만 한참 기다리거나, 다시 오지 않는 버스도 있어. 내 앞에 오는 기회, 매순간을 소중하게 생각하면 좋겠다.

'작용-반작용'을 과학 시간에 배웠을지 궁금하다. 축구에서 프리킥 상황을 떠올려 보렴. 축구공을 잔디 위에 가만히 놓으면 움직임이 없잖아. 그때 축구선수가 잠시 뒤로 물러났다가 앞으로 내딛으면서 공을 발등으로 힘껏 차는 거지. 이때 공과 축구선수의 사이에서 일어나는 힘의 상호작용이 작용-반작용이야. 과학적 원리를 설명하려는 게 목적은 아니고, 같이 주목해서 생각해보고 싶은 점이 있어. 축구선수가 공을 차는 '작용'만 힘을 가지는 걸까? 아니지. 우리가 이미 아는 것처럼, 공도 완전히 같은 힘으로 반대 방향을 향해 움직이게 되는 거잖아.

사실 과학과 사회 시간에 배우는 내용은 세상의 법칙과 현상에 대한 설명이란다. 과학에서 배우는 개념들은 실험실에서만 벌어지는 내용이 아니고, 사회에서 배우는 개념들도 단순히 외워서 시험 본 뒤에 버리는 내용이 아니야. 사물과 사물, 사람과 사물, 사람과 사람, 사회와 사회의 모든 상황에 적용할 수 있는 도구란다. 우리가 학교에서 배우는 모든 개념들이 세상을 살펴보는 분석과 해석의 도구가 된다.

작용-반작용의 법칙은 사람 사이의 관계에도 해당돼. 사람은 스스로 의식하거나, 무의식적으로 주변 환경에 영향을 끼치며 살아가지. 책상 위에 이면지 한 장을 놓고, 수학 문제를 열심히 푸는 건 학생으로서 훌륭한 행동이야. 그런데 좋은 의도로 가득한 행동이지만, 문제를 풀며 종이와 책상을 타닥타닥 두드리는 샤프 소리가 어떤 사람에게는 괴로울 수도 있거든. 나는 네가 좋은 영향을 끼치는 사람이 되었으면 좋겠어. 혹여 무의식적으로 나쁜 영향을 끼쳐서 잘못을 지적받으면, 곧장 스스로 다잡을 줄 아는 사람이 된다면 더욱 좋겠고. 우리는 서로가 작용-반작용의 법칙을 따라, 영향을 주고받으며 살아가고 있으니까.

우연에 기대는 사람은

장자중학교에서 보낸 3년은 어땠는지 궁금하다. 학교에서 정해진 모든 수업을 듣고, 시험을 다 치러낸 기분은 어떤지 한 명씩 얼굴을 보고 묻고 싶다. 개운할까? 그래서 사복 차림으로 등교한 녀석들도 많은 거겠지. 오늘은 크게 나무라고 싶지 않다. 그동안 수고 많았어.

매번 시험을 치를 때마다, 네가 문제 하나에 웃고 짜증내는 모습을 지켜보게 된다. 공부를 많이 했는데, 생각보다 점수가 나오지 않아서 억울해하는 네 모습은 멋있었어. 지난번에 얘기했던, 노력-기대-행복에 대한 이야기를 기억하고 애썼기 때문이지 않을까 하고 혼자 생각해 봤거든.

네가 기울인 노력과 애쓴 시간은 사라지지 않아. 그 모든 과정이 너의 모습을 만드는 거니까. 목표를 위해 애쓴 마음이, 결과를 기대하게 되는 거야. 그런데 그 기대와 다른 결과를 마주할 때, 사람은 분노와 억울함이 생겨나. 결과야 어떻든 최선을 다한 사람은 다음이 기대돼. 공부하며 애쓴 시간은 나이테처럼 차곡차곡 몸에 쌓여서, 언젠가는 지혜로운 사람이 될 테니까.

걱정되는 모습도 있었어. 몇 차례 얘기했지만, 이해하려 노력하지 않고서도 '찍었는데' 우연히 좋은 성적을 얻은 사람이 있더라. 우연은 도박과 같아. 노력과 기대 없이 얻은 큰 즐거움은 1회용이야. 두 번 연속으로 로또에 당첨될 수 있을까? 우연은 가슴을 쓸어내려야 하는 사건이지, 마냥 행복해할 일이 아니야. 내가 놓쳤던 부분이 '여기'였구나, 하고 깨달아야 한단다. 우연에 기대는 사람은 언젠가 모두에게 신뢰를 잃고 말거든.

이제 12월이다. 너의 열여섯 살도 고작 한 달 남았다. 따로 상담을 하면서 개인적으로 당부한 내용들을 기억할지 모르겠다. 내 충고와 조언이 너의 삶에 커다란 도움이 되리라고 생각하지는 않아. 내가 너의 삶에 큰 영향력을 끼쳤다고도 생각하지 않고. 약간의 도움이 되거나, 위험에 빠지지 않도록 막아줬다면 내 역할은 충분하다고 믿어.

새로운 출발선이 곧 다가온다. 2주 뒤에 고등학교 입학 원서를 넣을 거야. 올해 안에 모든 것이 정리될 테고, 다음 달이면 너의 중학시절도 끝난다. 즐거웠기를. 이번 주까지는 신나게 놀고, 쉬자. 그리고 다음 주부터는 고등학교에 진학할 준비를 하자. 늘 생각할 여유를 만들어 두렴. 이따금 그 시간에 다음 걸음을 어디로 향할지 고민하면 좋겠다. 여유 시간에 미리 생각하고, 방향을 정해두면 네가 힘이 생겼을 때 언제든지 달려 나갈 수 있으니까.

평범함이 쌓이는 시간

어제 대학로에서 본 「시간을 파는 상점」은 어땠는지 궁금하다. 나는 연극도 괜찮았지만, 소설로 읽는 게 훨씬 더 재밌었어. 어린이부터 어른까지 생각하게 만드는 내용이 많았거든. 겨울방학에 소설로 다시 한 번 읽어보는 걸 추천해.

"평범함이 쌓여서 특별함을 만든다."

연극에서 가장 인상 깊은 대사였어. 평범하게 흘러가는 일상들은 그냥 흐르는 게 아니거든. 학교에 와서 공부를 하거나, 친구들과 대화를 나누고 운동하는 모든 평범함이 쌓여서 '너'라는 특별한 사람을 만들어 내지. 많이 경험하지 않았니?

PC방에서 친구들보다 오버워치를 좀 더 많이 한다면, 특별한 실력을 갖추게 되겠지. 친구들보다 좀 더 많은 시간을 피구와 배드민턴에 쏟았다면, 전국 대회에서도 통할 실력자가 될 수 있겠고. 줄넘기, 리시브를 아무리 못해도 꾸준하게 시간을 투자하면, 평범한 사람들도 꽤 괜찮은 실력을 갖추게 되는 경험. 체육 시간에 해봤지?

그저 그런, 매일 똑같은 일상은 지루해. 그런데 말이야, 사회와 세상은 그렇게 지루함을 견디는 사람들이 지탱하면서 조금씩 바뀌거든. 무던한 시간이 익숙함을 만들고, 그 익숙함과 자연스러움이 흔들리지 않는 강함과 자신감을 만들어 낸다. 사람은 반복하고 연습하면서, 조금씩 정밀해지거든. 그렇게 프로가 되고 장인이나 달인이 되겠지.

나는 네가 언젠가는 흔들리지 않는 강한 마음을 지녔으면 좋겠어. 한 사람, 두 사람씩 상담하면서 가장 크게 걱정되던 게 있었거든. 다들 잘할 수 있는데, 스스로를 믿지 못하고 너무 불안해하더라. 조바심내지 말고, 시간을 차곡차곡 쌓으면서 마음에 단단한 뿌리를 내리자. 지금까지 쏟았던 시간과 앞으로 기울일 노력을 근거로 삼아서 자신감을 가져보렴. 네가 보낸 평범한 매일이 쌓여서 너를 특별하게 만들 거야.

다음 주 월요일부터 고등학교 원서 접수가 시작된다. 작년까지는 마지막 날에 떨어질 가능성이 있는 학생은 원서를 빼라고 알려줬는데, 올해는 그렇지 않다더라. 내신 성적이 안정적인 사람들은 크게 걱정하지 않아도 괜찮아. 나와 같이 고민할 사람들은 따로 얘기하도록 하자. 문제가 아무리 어려워도 한 단계씩 풀다보면, 머지않아 문제를 해결해낼 수 있어. 힘내자.

12월 15일

새끼 톱니바퀴

시험과 성적은 별것 아니야. 앞으로의 삶이 공부와 크게 관계없다면, 성적은 고작 숫자에 불과해. 진짜 문제는 하고 싶은 일이 분명하지 않거나, 가고 싶은 곳이 뚜렷할 때야. 조금 이상한 말이지? 하고 싶은 일이 뚜렷하지 않을 때 문제가 된다는 건 모두 이해하겠지만, 가고 싶은 곳이 뚜렷할 때도 문제라는 말은 설명이 좀 필요할 것 같다.

하고 싶은 일이 뚜렷하지 않을 때에는 해야 할 일이 있어. 언젠가 하고 싶은 일이 생겼을 때 주저하지 않고 손을 뻗을 수 있도록 힘을 키워야 해. 식상한 말일 수도 있겠지만, 기회는 준비된 사람만 잡을 수 있거든. 만약에 네가 그냥 재밌을 것 같아서 발레를 배우고, 피아노를 배웠다 치자. 나중에 네가 배우가 되고 싶을 때, 발레와 피아노를 했던 시간은 너의 특기가 되어서 관련 배역을 좀 더 쉽게 얻게 될 거야.

반대로 지금 네가 가고 싶은 곳이 뚜렷하다면, 그때부터는 경쟁의 세계로 뛰어들 수밖에 없어. 자본주의-능력주의-학력주의가 축이 되어 돌아가는 지금 우리 사회는 '돈', '능력', '성적'이 그 가능성의 표식이거든. 지금부터 고민을 해보렴. 정말로 네가 원해서 가고 싶다고 생각한 진로인지, 가까운 어른이 정해준 방향인지. 깊은 고민 없이 '가겠다'고 정한 길에는 정말 많은 경쟁자가 있어서 쉽지 않을 거야.

나는 돈, 능력, 성적으로 너를 평가하는 것이 싫다. 사회에서도 돈과 개인의 능력, 학벌 따위로 한 사람을 판단하고 가치를 매기는 것은 옳지 않다고 생각해. 다만, 특별한 능력이 필요한 곳에서는 그 능력을 갖춘 사람이 필요하고, 위험하거나 큰 책임이 따르는 결정을 하는 사람에게는 큰 보상을 줘야겠지.

내가 가장 옳지 않다고 생각하는 것은 '학력주의와 학벌주의'야. 어느 학교에서 얼마나 긴 시간 동안 공부했는가, 그 한 가지 기준만으로 그 사람의 깊이를 평가할 수 있을까? 학교 이름은 중요하지 않아. 나는 내가 다녔던 학교보다 좋은 평가를 받는 대학을 졸업하고, 석·박사 학위를 받은 사람에게 위축되지 않아. 자신이 맡은 책임을 다하며 살아가고, 대화가 잘 통해서 생각을 나눌 수 있다면 학벌과 학력은 중요치 않거든. 많은 책을 읽고 깊은 생각을 할 줄 아는 사람은 자연스레 귀해진단다.

고등학교 원서를 넣으면서 여러 생각이 들었어. 특목고, 자사고, 국제고로부터 사다리 내려오듯 나열된 고등학교를 놓고 고민하고, 좀 더 대학에 들어가기 쉬운 학교를 찾으려 고민하는 모습을 보면서 양가적 감정이 들었어. 잘해보려 애쓰는 모습에서는 앞으로 발전할 네 미래에 대해 두근거렸지만, 보다 쉬운 길을 가려고 눈치를 보는 모습에는 마음이 무너지더라. 이제 겨우 중3, 9년 치 학교교육에 깎여서, 자본주의-능력주의-학력주의의 거대한 톱니바퀴 틈으로 들어가려는 새끼 톱니바퀴가 되는 걸까 싶어서 슬펐어.

고민이 될 때는 우왕좌왕하는 게 아니야. 한숨 한 번 들이켰다가 내쉬고, 뭐가 가장 중요하고 큰 문제인가 생각해야 해. 중요하지 않은 잡생각과 걱정을 떨쳐야, 새로운 길을 찾을 수 있어. 당장할 수 있는 방법을 알려 줄게. 지금 너의 상황과 조건을 한 줄씩 종이에 적어 봐. 그리고 포기할 것과 반드시 해야 할 것을 분류하렴. 다시 한 번 읽어보고, 주변의 믿을 수 있는 사람과 대화를 나눠 봐. 그런 다음, 어떻게 할지 결정했다면 그대로 움직이자. 너의 고민, 생각, 계획, 행동이 하나의 방향으로 나타난다면, 너는 앞으로 무엇이든 할 수 있을 거야.

ٿ

<u>12월 22일</u>

초코 소라빵을 맛있게 먹는 방법

초코 소라빵을 맛있게 먹는 방법.

1. 파리바게뜨에서 비닐 포장된 초코 소라빵을 산다.
2. 사온 즉시 냉장고에 넣는다. (가장 중요함. 초콜릿을 차갑게 해야 함.)

※ 차갑게 식히지 않으면, 프라이팬을 초콜릿 범벅으로 망쳐서 부모님께 등짝 맞을 수 있음.

3. 프라이팬을 약불로 달군 뒤, 버터를 손가락 한 마디만큼 넣는다.
4. 버터가 녹아서 한두 방울 기포가 올라올 때 초코 소라빵을 팬 위에 놓는다.
5. 빵의 겉면 전체에 버터가 골고루 발라지도록 빵을 굴린다.

6. 버터 코팅이 된 빵을 겉이 노릇해질 때까지 약한 불로 굽는다.

알고 지낸 지 3년이 된 선배 선생님이 있어. 나도 그렇지만, 그 선생님도 빵과 커피를 무섭게 사랑하거든. 어떻게 하면 더 맛있게 먹을 수 있을까 매번 고민해. 그것도 진지하게. 고민하고 알아내거나, 새롭게 찾아낸 빵집과 커피는 바로 공유해서 확인해보고 먹어보는 거야. 이런 소통이 내게는 평범한 일상에 활력을 주는 시간이 되더라.

얼마 전에 그 선생님하고 통화를 하다가, '초코 소라빵' 레시피를 전수받았어. 평일에 빵집에 갈 시간이 없어서, 토요일 아침에 산책을 나갔다가 파리바게뜨에 들렀지. 초코 소라빵 네 개를 사서 냉장고에 넣고 하루를 참았어. 일요일 아침, 아내는 늦잠을 자고 있었고. 아침으로 초코 소라빵과 커피를 줘야겠다, 생각하고 위에 적은 레시피를 그대로 실천했지.

내가 알던 그 초코 소라빵맛이 아니더라. 푸석한 식감에 찐득한 초코가 입속에서 마구 엉키는 맛이 아니었어. 갓 구운 크루아상을 한 입 베어 물 때처럼 파삭-거리며 빵이 깨지는 거야. 고소한 버터 향, 따뜻한 빵의 온도가 잠들어 있는 뇌를 기분 좋게 깨어나게 했고. 그러다가 여전히 차가운 초콜릿이 입안을 달게 채우는 맛.

나는 고작 빵을 차갑게 만들고, 팬에 버터를 두른 뒤에 구운 것밖에 하지 않았어. 아주 사소한 차이점으로 완전히 다른 빵이 되더라.

나는 너도 초코 소라빵 같은 존재가 아닐까 싶었어. 어디서든 쉽게 만날 수 있는 사람, 청소년, 중학생. 단 한순간이 모든 것을 뒤엎을 때가 있단다. 평범함에서 탁월함으로 나아가는 순간. 보통의 존재가 특별해지는 순간이 있어. 다른 사람이 너를 버터구이 초코 소라빵으로 만들어 줄 수도 있겠지만, 나는 네가 스스로 네 삶을 특별하게 만들 레시피를 찾으면 좋겠다.

꽃이 저무는 자리

꽃은 스스로 꾸미지 않는단다. 추위를 견디고, 뙤약볕을 맞으며 기어코 피워내는 것이 꽃이지. 꽃은 가만하게 핀다. 내가 여기 피어난다고, 나를 보라고 소리를 내거나 소란스럽지 않아. 꿋꿋하게 피어나면 다른 사람들이 자연스럽게 바라보게 되는 거야. 모두가 아름다움과 즐거움을 누리지만, 결국에는 꽃이 저물고. 그런데 꽃이 진다고 모든 게 끝나는 것도 아니야. 꽃이 저문 바로 그 자리에 열매가 맺히거든.

3년간 수업을 견디고, 비가 오거나 눈이 내리는 날에도 기어코 학교에 왔던 네가 피어나는 날이 졸업식이다. 굳이 꾸미지 않아도, 졸업한다고 야단스럽지 않아도 돼. 나를 포함한 모든 선생님들과 부모님이 너를 대견하고 아름답게 보고 있단다. 꽃이 필 것 같다고 주변이 소란스러우면, 피던 꽃도 시들고 말아. 나는 네가 담담하고 자연스럽게 피어나길 바란다. 그리고 올봄에는 뿌듯한 열매를 맺길 소망한다.

너의 담임을 맡으며 생각했다.

'학생이 행복하게 살아가는 어른이 되도록 돕는 담임이 되자.'

시험과 대학 입시가 경쟁을 부추기지만, 나는 네가 가진 장점이 싹트기를 바랐거든. 대화가 부족했을지도 모르겠다. 한 명씩 마주하며 대화를 나누고 싶었지만, 돌이켜 보면 내 힘이 부족했던 것 같아서 아쉬워.

나는 너에게 '무엇이 되는 것'을 성공으로 여기는 사람이 아니라, '어떻게 사는 것'을 더 중요하게 생각하는 사람이 되도록 이끌고 싶었어.

그것보다 더, 너의 이야기를 듣고 싶었다. 친구들과 무슨 일을 하며 즐거웠는지, 고민은 무엇인지, 주말에는 무슨 일을 하며 보냈는지. 너의 일상이 궁금했단다. 나와 함께 보낸 1년, 너 스스로 자신을 좀 더 좋은 사람이 됐다고 여긴다면 더할 나위 없겠다. 다음 주면 중학교에서 보낸 3년이 모두 끝나는구나. 애썼다.

한 해 동안 학생 입장을 먼저 생각하는 담임이 되고 싶었어. 노력했지만, 쉬운 일은 아니더라. 네가 4반에서 보낸 시간이 즐거웠기를 바란다. 졸업을 하고 고등학교에 가면, 이제 쉽게 소식을 접하진 못할 거야. 거리가 조금 떨어져야 소중함과 그리움을 깨닫게 된단다. 매일 아침에 늦었다고 잔소리를 하고, 하라는 것과 하지 말라는 것도 많았던 담임이었겠지만. 그렇게 늦고, 장난치고, 하지 말라는 것을 하는 네가 진심으로 미웠던 적은 없었다. 지금 너의 모습을 나는 20년 뒤에도 기억하고 있을 거야. 행복한 사람이 되렴.

2부

고등학교
1학년 6반에게

3월 4일

담임 자기소개서

안녕하세요?

저는 학부모님의 귀한 자녀를 1년 동안 맡게 된 1학년 6반 담임 이경준입니다. 아이에게 정말 중요한 시기여서, 설렘과 불안이 많으셨으리라 생각합니다. 그래서 직접 뵙기 전에 담임교사인 저에 대해 말씀드리면, 학부모님의 걱정을 조금이나마 덜어드릴 수 있지 않을까 싶었습니다. 간략하게 제 소개와 학생 지도 방향을 말씀드리겠습니다.

저는 서울에서 나고 자랐습니다. 서울 경복고등학교를 졸업하고 건국대학교에서 국어국문학·중어중문학을 공부하며 교직 과정을 이수했습니다. 학업을 마친 뒤에는 학사장교 과정을 통해 40개월간 복무하고 중위로 전역하였습니다. 그 후로 4년 동안 교사가 되기 위한 공부를 하다가, 잘 되지 않아서 답답한 마음을 담아 쓴 시가 당선되어 덜컥 시인이 되었습니다. 포천에서 고3 담임을, 작년에는 구리에서 중3 담임을 맡았습니다. 올해 진접고등학교로 전근 발령을 받아 오게 되었습니다. 저도 우리 아이들처럼 모든 것이 새로워서 설렙니다.

올해 저는 1학년 '국어' 과목을 매주 4시간씩 맡아서 가르치게 되었습니다. 조회와 종례, 수업, 점심식사 시간까지 하루에 적게는 2시간씩, 많게는 4시간까지 아이들과 함께 생활하게 될 것입니다. 집은 서울의 끝자락인 중랑구에 있습니다. 학교까지 약 20km입니다. 가까운 거리는 아니지만, 전화와 문자메시지를 통해 항상 아이들 곁에 느껴지는 담임이 되고자 합니다. 때로는 큰형처럼, 또는 마음이 통하는 막내 삼촌처럼, 학부모님과 같은 팀이라는 각오로 아이들을 위해 최선을 다하겠습니다.

아이는 혼자 자랄 수 없습니다. 그렇게 믿습니다. 교사와 부모님은 아이를 위한 한 팀이 되어야 한다고 생각합니다. 학생이 혼자 설 수 있는 시간까지 두 개의 든든한 버팀목이 되어야 한다고 믿습니다. 문자메시지와 전자 우편, 전화와 직접 뵙는 시간을 통해 부모님과 꾸준히 소통하기 위해 노력하겠습니다. 직접 오시지 않으셔도 됩니다. 자주 소통할 수 있는 기회가 있기를 소망합니다.

제가 생각하는 교사의 역할은 '학생이 행복한 어른으로 성장하도록 돕는 것'이라고 믿습니다. 아이들마다 가지고 있는 재능과 소질은 다릅니다. 지금 대학 입시와 사회는 아이들에게 하루라도 빨리 진로를 결정하라고 재촉합니다. 경쟁의 길로 아이들을 유도합니다. 거부할 수만은 없다고 생각합니다. 저는 아이들마다 지니고 있는 소질과 적성, 능력을 자각하도록 자극하려 합니다. 단순히 직업이나 부자가 되는 것이 삶의 목표가 아니라, '어떻게 사는 것'을 더 중요하게 여기는 어른이 되도록 돕겠습니다. 스스로 생각하고 표현하는 연습을 위해, 1년 간 세 가지를 강조하려고 합니다.

1. 꾸준한 독서와 기록
2. 자신과 주변을 돌아보는 여유
3. 타인의 생각과 자신의 생각을 견주기

교육과정이 달라졌습니다. 이제는 단편적인 지식을 암기하는 학생이 우수한 평가를 받지 못합니다. 넘치는 정보와 복잡한 상황 속에서 문제를 발견하고, 모두가 그 문제를 이해할 수 있도록 표현해낼 줄 아는 것이 기본적으로 필요한 능력이라고 생각합니다. 아이들을 '지식 자판기'로 만들지 않겠습니다. 스스로 생각하고, 결정하고, 행동하는 행복한 사람으로 자라도록 돕겠습니다.

'학급운영계획서'는 1년 동안의 규칙입니다. 종종 학급 소식을 문서로 알려드리겠습니다. 3월 15일 목요일은 '학부모 총회'가 있는 날입니다. 바쁘실 것으로 압니다만, 잠깐 시간을 내셔서 학교에 오신다면 아이들과 제게 큰 격려와 응원이 될 것입니다. 학급운영에 좋은 아이디어나 충고하실 것이 있으시면 언제라도 알려주시기를 부탁드립니다.

아무쪼록 아이들이 행복한 시간을 보내고, 본인의 삶을 잘 살아내는 선택을 할 수 있도록 부모님께서 많은 관심 가져주시기를 다시 부탁드립니다. 좋은 아이들과 인연을 맺을 수 있는 기회를 주셔서 감사드리며, 가정에 늘 좋은 일만 있으시길 기원하겠습니다.

'생각 좀'

1년은 52주, 1학기는 20주다. 이제 1주 지났으니, 앞으로 19주 뒤면 여름방학이 오겠지. 그렇게 6번이 지나면 고등학교도 졸업이고 너는 어른이 될 거다. 낱낱의 하루를 어떻게 보낼까 생각하면, 3년은 참 길다. 그런데 비슷한 시간과 성격을 하나의 마디로 묶어보면, 일주일은 금세 지나가는 토막이란 걸 깨닫게 된다. 시간은 사람의 마음과 하는 일에 따라 밀도가 달라진다. 고등학교에서 보내는 3년, 여유롭게 보내도 좋고 빼곡하게 보내도 좋다. 어떻게 살든, 너 스스로 당당하면 된다.

나는 이 학교가 새롭다. 학교 특별실이 어디에 있고, 다른 선생님들이 어디 계신지 잘 모를 때가 많다. 너에게 친절하고 상세하게 알려주고 싶지만, 잘 안 될 때가 많다. 나는 미안해하지 않을 거다. 새로운 곳을 탐색하고, 학교에 있는 장소를 스스로 발견하는 일도 즐거운 일이니까. 미지의 장소를 탐색하는 게임처럼 학교를 탐색하자.

새로운 사람이 되자. 월요일부터 쉬는 시간 10분, 한 사람씩 상담을 하고 있다. 이미 한 사람도 있고 아직 하지 않은 사람도 있다. 나는 과거의 네가 어떻게 살았든 많은 관심을 두지 않겠다. 오직, 고등학교 1학년 지금 네 모습으로만 네가 어떤 사람인지 느끼고 친해질 작정이다. 예전과 다른 삶을 살고 싶다면, 지금이 기회다.

어젯밤부터 읽고 있는 책이 있다. 지바 마사야가 쓴 『공부의 철학』이라는 책인데, 저자의 글이 많은 생각을 하게 한다. 보통 공부한다고 하면, 알지 못했던 지식을 머릿속에 넣는 거라고 생각하는 경우가 많다. 그런데 이 책의 저자는 우리가 공부를 다른 시각에서 볼 수 있게 돕는다. 요약하자면, 공부는 새로운 것을 얻는 게 아니라 내 몸에 익숙해진 바보 같은 나의 모습을 잃어가기 위한 활동이라는 내용. 채우는 게 아니라, 나의 단점을 버린다는 생각으로 공부를 해보면 어떨까.

진짜 공부는 지금까지 쌓아온 네 모습을 잃어가는 노력이다. 그래서 힘들다. 우리는 어릴 때 걸음마만 잘해도, 밥만 잘 먹어도 칭찬받고 주목받았다. 그런데 학교에서 너는 '당연한 인정'을 잃어버린다. 지금 살아가는 환경에 만족한다면, 깊이 공부하지 않아도 잘 살아갈 수 있다. 그 삶은, 나를 주변 상황과 사람들에게 잘 맞추는 삶, '공감'과 '좋아요'만 누르는 삶이다. 자신의 삶을 살아보고 싶다면, 지금 네 모습을 잃어버려라.

우리 반 급훈은 '생각 좀'이다. 네가 이 급훈에 동의했을 때, 대체로 엉뚱한 행동을 하는 다른 사람에게 하는 말로 받아들이지 않았을까 싶었다. '생각 좀 하라'는 뜻으로. 나는 '생각 좀'을 다른 사람에게 여유를 부탁하는, '생각 좀 해볼게'라는 의미로 새겼으면 좋겠다. 문제 상황에서 한 걸음 뒤로 물러서서, 관계를 살피고 내 처지를 돌아보는 여유를 1년 동안 습관처럼 익혔으면 좋겠다. 지금까지의 모습을 잃기 위해 노력하는 시간을 보내보자.

호기심 많은 어른들의 세상

오늘은 두 가지를 말하고 싶어. 하나, 서두르지 말자. 아침에 핸드폰 알람을 못 듣고, 늦잠을 잔 적이 있어. 10분 걸리던 샤워를 3분 만에 마치고, 차분하게 잇몸을 쓰다듬는 느낌으로 하던 칫솔질도 '분노의 칫솔질'이 됐어. 그렇게 정해진 시간에 늦지 않으려고 허둥대다가, 내가 아끼던 향수를 욕실 바닥에 떨어뜨리고 말았지. 그나마 다행이었어. 깨진 건 고작 향수 한 병이었으니까.

더 큰 사고가 나기 전에 정신을 다잡을 수 있었어. 만약에 허둥지둥했던 마음상태로 아침에 운전을 했다면, 너를 만나지 못했을지도 몰라. 시간에 쫓겨서 마음이 바빠지면 감각이 무뎌지고 말거든. 그러면 자연스레 실수가 많아져. 손에 쥐었던 것도 떨어뜨리고, '잊지 말아야지' 하고 다짐했던 것도 머릿속에서 슬며시 사라지지. 바쁠수록 스스로 차분해져야 놓치는 일이 줄어든단다.

둘, 궁금해 하자. 사람은 호기심을 잃으면 더 이상 성장하지 못한단다. 나도 어른들이 싫을 때가 있어. 무엇이든 다 아는 것처럼 행동하고, 말하고, 가르치려고만 하는 모습은 정말 답답하잖아. 게다가 말은 바르지만, 행동이 따라주지 않는 모습을 볼 때면 화도 나고. 그렇게 너도 종종 어른에게 실망하지 않을까 싶어. 어른들은 대체 왜 그렇게 됐을까. 긴 생각 끝에 내린 나의 결론은 이래.

어른들은 호기심을 버린 사람들 같아. 호기심이 있던 자리에 두려움을 채운 것 같고. 호기심을 잃은 어른들은 더 이상 새로운 영역에 도전하지 않아. 궁금해 하지 않고, 모든 것을 귀찮아 해. 게다가 지금까지 알던 것과 다른 세상들—스마트폰, 뇌과학, 블록체인 암호화 기술, 공유 경제 등—을 마주하면 두려움을 앞에 내세우지. 반면에, 사람은 어릴수록 호기심이 모든 감정을 지배하곤 해. 궁금해서 불장난을 하고, 궁금해서 어른들이 금지하는 것을 해보잖아.

호기심이 사라지면 새로운 경험을 하지 못하게 된단다. 이미 다 알고 있다고 생각하는 순간, 그 자리에 고여서 끝내는 썩어버리고 말아. 궁금해 하자. 그런데 말이야, 가장 먼저 궁금해야 할 대상은 바로 '너', 자신이란다. 자신을 들여다보는 시간을 일주일에 1번, 10분 정도 가져보면 어떨까? 내가 뭘 할 때 가장 행복한지. 시간은 언제 가장 빨리 흐르는지 생각을 가다듬는 거야.

모른다고 겁먹지 않고, 새롭다고 피하지 않는 호기심 많은 어른이 된다면 좋겠다. 그런 어른들이 많은 세상은 지금보다 좀 더 즐겁지 않을까.

덧붙임.

이런 시도 있단다. 세상에서 가장 짧은 정형시, 하이쿠(俳句). 어떤 이미지가 떠오르니?

오래된 연못
개구리 뛰어드는
물소리, 퐁당

- 마쓰오 바쇼

古池や (ふるいけや)
蛙飛び込む (かばづとびこむ)
水の音 (みずのおと)

- 松尾芭蕉

우연한 연결

우리는 우연한 존재다. 너와 나는 우연히 태어났고, 우연히 여기에서 만났다. 정말 독특하고 이상한 사람이더라도, 세상을 넓게 보면 비슷한 부류가 있다. 한 사람의 독특한 개성이라고 하는 것도, 사실 주변으로부터 영향을 받으며 이루어진 것도 많다. 우연히 그 잡지를 보고, 우연히 그 아이돌 노래를 듣고, 우연히 대화를 나누며, 좋거나 싫다는 느낌이 너와 나의 개성을 만들었다. 그런데 우연과 느낌으로 이루어진 것이라면 우리는 가치 없는 존재일까?

지금까지 쌓인 너의 '17년 묵은 우연'은 좋고, 싫음의 수많은 선택을 거치면서, 너라는 사람을 만들었을 거야. 나처럼 빵과 커피를 좋아하는 사람은 점점 더 많은 종류의 빵과 커피를 접하면서 '그런 사람'이 되는 거겠지. 좋아하는 것은 점점 더 커지고,

싫어하는 것은 점점 작아진단다. 결국 그렇게 우리는 같은 교실에서 같은 시간을 겪으며 지내지만, 저마다 다른 모습으로 살게될 거야.

『코스모스』를 쓴 칼 세이건은 이런 문장을 썼어.

> 우리는 희귀종인 동시에 멸종 위기종이다. 우주적 시각에서 볼 때 우리 하나하나는 모두 귀중하다.

우리가 이곳에 인간으로 태어나, 한 동네에서 함께 자라고 있는 것은 분명한 우연일 거야. 아무도 자기 선택으로 태어나지 않았으니까. 인간은 광활한 우주에 단 하나밖에 없는 멸종 위기종도 맞고. 우연히 생겨난 지구가 소중한 만큼, 우연히 만들어진 너도 지구만큼 소중해. 게다가 사람은 모두 '시한부 삶'을 살고 있으니, 우린 모두가 '한정판'인 거야. 그렇게 소중한 너와 내가, 지금 가장 많은 시간을 보내고 있는 학교에서 고통 받지 않았으면 좋겠다. 즐거운 우연을 학교에서 많이 만나길 소망한다.

나, 그리고 주변에 있는 친구들을 만난 시간이 네게 좋은 자극이 된다면 좋겠어. 사실, 사람이 바뀌기는 어려워. 그런데 바뀐다면, 완전히 새로운 사람이 되는 것도 가능하단다.

나는 우선 네가 좋아하는 것과 싫어하는 게 뚜렷해졌으면 좋겠어. 좋아하는 것을 모르겠다는 사람도 있지? 무엇을 좋아한다는 것의 증거는 '시간이 순식간에 사라지는 경험'을 할 때야. 1년 동안, 많은 우연을 겪으며 순식간에 시간이 사라지는 경험을 많이 해보자. 그리고 올해가 다 지나갈 즈음에는 너의 취향을 스스로 확실하게 파악한다면 좋겠다.

네가 겪고 있는 문제는 오직 너만의 문제가 아니야. 너의 고민은 친구, 담임, 부모님, 동네 사람들, 대한민국과 세계까지 연결되어 있거든. 학교에서 하는 공부는 나의 문제가 세상과 어떻게 연결되어 있는지 탐색하는 연습이니까, 지치지 말고 더듬어 보자. 힘들거나 어려울 때는 언제든지 이야기하고.

특별한 내가 된다는 것은

우리는 어떤 사람일까. 특별한 내가 된다는 것은 오로지 자신의 선택으로 이루어진단다. 선택해야 해. 해야 하는 일과 하고 싶은 일 사이에서 무엇을 하고, 하지 않을지 결정하면서 우리는 특별한 사람이 되어가는 거야. 부모님이나 선생님이 좋은 의도로 '시키는 일'은 사실 중요하지 않아. 지금까지 어른들이 살면서 중요하다고 느꼈던 일들을 알려주는 것에 불과해. 과거의 경험을 근거로 한 이야기일 뿐이야. 네가 어른이 되어 살아갈 세상은 어른들의 세계와 사뭇 다를 테니까, 각자 더듬이를 섬세하게 가다듬는 게 더 중요할 거야.

너에게 권하고 싶은 '해야 할 일'이 있어. 감수성과 판단력을 기르는 일이야. 판단력은 알겠는데 감수성을 기르라니까 갸우뚱하지? 일단 감수성부터 얘기해보자. 나는 감수성을 세상을 느끼는 촉각의 민감도라고 생각하거든. 지하철을 타면 미간을 찌푸리게 하는 사람들을 가끔 보게 돼. 다른 사람들을 신경 쓰지 않고 큰 소리로 통화하는 어른, 비좁은 통로에서 백팩을 뒤로 맨 채 휘젓고 다니는 학생, 문 옆의 구석 자리를 지키려고 하차하거나 승차하는 사람들의 길목을 막는 사람들 등등. 나는 아내와 지하철을 탈 때마다 이런 말을 해. "대체 저 사람 왜 저래?"

한번은 이런 생각이 들더라. 그 사람들은 마음이 바쁜 사람들이지 않을까. 마음속이 온통 자기 고민으로 가득차서, 주변을 돌아보고 세상을 느낄 여유가 없는 거지. 큰 소리로 통화하는 어른은 아마, 자신의 귀가 잘 들리지 않으니 큰 목소리로 말해야 들릴 것이라고 생각하는 건 아닐까. 너무 피곤해서 좀 더 빠르게 환승하고 싶고, 지하철 한 구석만큼의 편안함이나마 지키고 싶어서 문옆에 서 있는 게 아닐까―하고.

어른은 나이가 기준이 아니야. 주변을 돌볼 줄 아는 사람이 어른이 되는 거라고 나는 생각해. 내 주변에 있는 사람들이 어떤 생각을 하고, 어떤 마음 상태인지 귀를 기울이고 더듬이를 뻗는 선택을 해보자. 그게 어른이 되는 연습이기도 하고, 특별한 사람이 되는 방법이기도 하거든.

두 번째 할 일은 판단력 기르기. 상대방이 한 행동이나 말을 통해 그의 상황을 느끼는 건 감수성의 힘이야. 그런데 감수성만 발달하고 판단력이 없으면 어떻게 될까. 다른 사람의 눈치만 보며 살게 될 거야. 뭐가 옳고 그른지 따져보고 결정하는 진짜 선택은 판단력이 기본이거든. 내가 잔소리처럼 하는 말이 있지? '책 읽으라'고, '수업을 요약하라'고 했던 이유는 판단력을 기르기 위해서였어. 요즘에 유튜브 많이 보잖아. 나는 좀 걱정되더라. 물론 나도 유튜브를 자주 봐. 그런데 몇몇 영상을 보고나면, 좀 전에 본 영상과 비슷한 동영상으로만 홈페이지를 가득 채우는 거야. 유튜브나 SNS가 우리의 삶을 갉아 먹는 방법은 이런 식이야.

너와 내가 보내는 시간은 한정되어 있어. 그런데 재미있는 영상만 보다보면 다른 의견을 담고 있거나, 생각하며 판단해야 할 것들을 모르는 사이에 밀어내버리거든. 결국 삶을 결정하는 중요한 고민은 '시간이 없어서' 못하게 될 거야.

중요한 정보는 유튜브에 없어. 너도 발표자료 만들 때 고민해보지 않았니? 보는 사람을 떠올리잖아. 그때 제일 먼저 고민하는 게 뭐였니. '지루해하지 않을까? 재밌을까?' 이런 고민이 가장 먼저 들지 않았니?

동영상은 깊은 내용을 다루기 어려워. 수많은 정보를 하나씩 따져보는 연습을 학교에서 해보자. 진짜 중요한 정보는 책에 있거든. 수업을 듣고 책을 읽으면서 핵심을 요약하는 일이 일종의 판단력 연습이야. 학교 바깥은 온통 너의 관심을 끌기 위한 유혹이 가득해. 유튜브든 TV든 모든 매체는 너의 시선과 시간을 재료삼아서 '광고'라는 상품으로 돈을 만들거든. 그럴 때 네가 단호하게 가치가 있는지 없는지 판단하는 힘이 있으면 좋겠어.

나는 네가 무의미하게 문제를 풀고 학원에 앉아 있는 게 두려워. 수학 문제 하나, 영어 단어 하나, 국어 문제를 풀어내는 연습 자체가 공부의 목적은 아니거든. 왜 이런 내용을 배우고, 배운 뒤에는 세상 어디에 적용할 수 있을지를 고민해보면 좋겠어. 네가 상황을 이해하는 감수성과 판단력을 갖춘 사람이 된다면, 나는 더 바랄 게 없어. 그때는 네가 나보다 훨씬 좋은 어른이 되어 있을 테니까.

그늘 속에서도 목련은 꽃을 피운다

비가 내렸다. 햇빛이 구름에 가려서 어둑해지면 당장 마음이 찌뿌듯하다. 나만 그런 걸까 싶어서 어제, 오늘 아침에는 너의 얼굴을 자세하게 살폈다. 그리고 내심 마음을 놓았다. 아무래도 우리는 지구 위에서, 같은 햇빛을 받으며 살아가는 존재여서 많이 닮았겠구나 싶었다.

농구장 뒤쪽은 햇볕이 잘 들지 않아서 늘 서늘하다. 꽃이 피기에는 참 불리한 공간이겠구나 싶었다. 늦은 저녁, 퇴근하려고 건물 밖으로 나왔을 때 라일락 향기가 농구장 바닥에 배어있었다. 그제야 곁에 있던 목련이 눈에 들었다. 나뭇가지 위에 리코타 치즈를 얹어 놓은 듯, 곱게 피어 있었다.

같은 공간에 있지만, 우리는 조금씩 햇빛을 더 받거나 덜 받기도 한다. 그래서 봄에는 한 그루 나무에서도 가지마다 꽃을 피우는 시간이 다르고, 가을에는 나뭇잎이 물드는 시간도 조금씩 다르다. 그렇지만 끝내는 모두 꽃을 피우고, 빨갛게 물든다. 우리는 같으면서도 그렇게 조금씩 다르고, 다르지만 함께 있기 때문에 더욱 아름다울 것이다.

그늘 속에 웅크려 있던 목련도 꽃을 피운다. 학교 화단 경계석 아래, 좁은 틈에서도 보랏빛 제비꽃이 피어난다. 늘 조용한 사람은 그런 목련, 제비꽃을 닮았다. 나는, 선생님들은 그렇게 피워내는 너의 모습을 놓치지 않기 위해 애쓰고 있다. 우리는 같은 시간대를 각자 다른 속도로 살아내고 있으니까.

세상은 네가 관심을 두는 만큼만 흥미롭다. 별일 없이 지내는 삶이 나쁘다는 것은 아니다. 그렇지만 네가 학교에 와서 수업을 듣고, 자유 시간에 친구들과 어울리며 보내는 삶이 이 세상의 전부는 아니다. 지금이 아니면 누리지 못할 소중한 시간이란 것은 맞지만, 같은 자리를 맴도는 일상만 즐기며 지내기에 세상은 정말 넓다.

나는 네가 숲과 풀벌레를 보려고 애쓰는 사람이 되었으면 좋겠다. 먼 곳에서 전체를 그려보는 시야는 습관으로 기를 수 있다. 우리는 자주 작은 것에 몰두하다가 가야 할 길을 잊는다. 지금-여기도 중요하지만, 가끔 멀찍이 물러서서 전체 경로와 나의 위치를 확인하지 않으면 금세 헤매고 만다.

공부 방법도 같다. 전체 목차를 훑고 머릿속에 지도를 마련해야 한다. 마치 거대한 산맥으로 이루어진 국립공원을 답사하는 일과 비슷하다. 책의 각 단원은 산맥을 이루는 하나의 봉우리 같아서, 나름의 특색이 있다. 내가 어디를 걷고 있는지 확인해야 한다. 너의 위치를 확인한 뒤에야 나무를 살피고, 꽃을 살펴야 한다. 눈에 띄는 것부터 정리하자. 그 뒤에 미묘하고 작은 것들까지 기록한다면, 머릿속에 산맥이 완전히 머물게 될 거다.

덧말.

너에게 큰 기대는 하지 않는다. 그래서 나는 실망하지 않는다. 나는 너를 그저, 앞으로 80년의 시간을 갖고 있는 무궁한 가능성이라고 생각한다. 학교, 교실이라는 공간에서 함께 지내며 너는 언젠가 깨달을 것이다. 어떤 행동이 다른 사람에게 피해를 끼치는 것인지, 어떤 행동이 찬사를 받는지. 아무리 타일러도 제멋대로 살아가는 사람도 있다는 것을 받아들일 때가 있음도 알게 되겠지. 이제 한 달, 자연스럽게 갈라지려는 마음이 보이기 시작한다.

마음을 쏟은 시간만큼

마음을 쏟은 시간만큼 기억에 남는단다. 모든 것이 그렇다. 인간관계에서도 가장 많은 시간을 함께 보낸 사람이 마음에 남아. 주고받는 대화의 방식이 그렇고, 손을 잡거나 포옹하는 방식도 기억에 남게 돼. 집에서 화분에 키우는 꽃도, 함께 지내는 반려동물도 관심을 갖고 보면 매일 조금씩 달라지는 모습이 눈에 보일 거야.

요즘에 나는 너의 얼굴을 자주 본다. 그냥 본다기보다는 관찰한다는 표현이 맞겠구나. 쓰나미처럼 밀려오는 수행평가를 어떻게 헤쳐 나가고 있는지, 지필평가 준비는 어떻게 하고 있는지. 학교생활에서 불필요한 스트레스를 받고 있지는 않은지. 무슨 활동을 하고, 생각이 어떻게 바뀌고 있는지. 될 수 있는 대로 너의 표정을 관찰하는 데에 많은 시간을 쏟으려 애쓰는 중이야.

우리 반의 급훈, 요즘에도 가끔 보는지 모르겠다. '생각 좀'. 처음 급훈을 정할 때 내가 했던 설명 기억하니? 나는 다른 사람에게 잠시 여유를 달라는 요청의 뜻으로 설명했잖아. 4월에는 가끔씩, 너에게 그 말을 해주고 싶을 때가 있었어. '생각 좀 하자.' 생각한다는 것은 함부로 판단하거나 행동하지 않는다는 뜻이야. 또 생각한다는 것은 한 가지 사물에 마음을 온전히 쏟는다는 것이기도 하고. 무엇을 하든 한 번에 하나씩 마음을 쏟는 연습을 해보자.

　자세히 보면, 지금까지 봤던 것과 다르거나 새로운 게 보여. 그래서 네가 머리 색깔을 짙은 갈색에서 옅은 갈색으로 바꿨을 때, 내가 금세 알아챈 거야.

　공부도 그렇단다. 피곤해서 수업 시간에 잠깐씩 조는 것을 나무랄 선생님은 없어. '얼마나 피곤했으면 저렇게 졸까', '내 수업이 지루한가 보네, 어떻게 고쳐야 좋을까'와 같이 생각하는 선생님이 더 많거든. 선생님들은 교무실에서 그런 고민을 주고받아. 내가 너에게 쏟는 마음만큼, 너도 수업에 마음을 쏟길 바라는 마음이 크단다. 네게 부탁하고 싶은 일이 있어.

　무턱대고 필기만 하거나, 다른 감각에 주의를 빼앗기지 말자. 수업 중에도 여러 번 말했지만, 우리는 한 번에 여러 가지 일을 할 수 없는 존재야. 음악을 들으면서 글을 읽고 이해하기는 어려워. 뇌는 한 번에 한 가지 감각만 제대로 알아차리거든. 집에서 숙제를 하거나 게임할 때, 밥 먹으러 나오라는 소리를 못 들어서 혼난 적 있지? 네 잘못이 아니라, 집중력이 제대로 발휘돼서 그런 거야. 또, 아는 내용이라고 허투루 흘려들으면 반드시 실수하게 돼. 수업을 듣다가 아는 내용이 나오면, 네가 알고 있는 게 정확한 내용인지 점검하면서, 질문을 떠올리며 들어 보렴.

학생은 아직 모르는 게 정상이야. 모두가 문외한이지. 수업 시간에 대답을 잘하는 친구도 사실 깊게 알지는 못해. 너는 지금 어느 분야로 가야 좋을지를 탐색하는 기간이니까, 모른다고 부끄러워하지 않았으면 좋겠어. 그렇다고 몰라도 상관없다는 건 아니고.

세세한 내용에 신경을 곤두세우는 것도 위험해. 지금 읽고 있는 내용이 현실과 어떤 연결 고리를 갖고 있는지 찾으며 읽는 연습이 필요해. 맥락을 이해하고 생각을 표현하는 것 자체가 공부이면서, 그 과정을 거치면서 뇌의 구조가 바뀌거든. 학교에서 어떤 맥락이 너의 호흡에 맞는지 찾는 것이 네가 할 일이고, 내가 도울 일이라고 생각해.

덧말.

다음 주 월요일은 4.16. 4주기. 4년 전 그날, 나는 임용고사 공부를 하고 있었다. 다 구조했다는 말에 안도했다가, 곧 분노하고 절망했다. 그날이 잊히지 않는다. 아무런 말도 하지 않고 넘을 수 없는 날짜라서, 이렇게 몇 줄의 문장으로 네게 말을 건다.

여행과 시도

가만있으면 편해. 생각하지 않으면 편해. 내가 해야 할 일의 계획을 다른 사람이 세워주면 편해. 반면에 계획을 세우는 일은 번거로워. 끝내야 할 시점을 고려하고, 남아 있는 시간과 자신의 능력을 가늠할 수 있어야 구체적인 계획이 가능하거든. 가만히, 편하게 있는 사람은 세상의 흐름을 따라가며 살아. 약간의 변화에만 잘 적응하면 되니까. 그런데 번거로운 일을 끝끝내 해내는 사람은 세상의 물줄기를 바꿀 수 있어. 어느 쪽이 더 좋다는 건 아니야. 나는 네가 이런 삶의 유형이 있고, 어떤 결과를 만들어내는지 이해하길 바라거든. 여행에 대해 좀 얘기해볼게.

일본 소설가 온다 리쿠는 『토요일은 회색 말』이란 소설에서 이런 말을 했어.

인생은 여행과 비슷하고, 여행은 책과 비슷하다. 시작과 끝
이 있고, 그것을 통과하면 조금 다른 인간이 된다.

실제로 그래. 현장체험학습을 다녀오거나, 가족여행을 다녀왔
던 기억을 떠올려 보렴. 내 경우에는 군대에서 보낸 시간과 신혼
여행을 다녀온 뒤로 조금씩 다른 인간이 된 느낌이 들었거든. 군
대에서 다양한 사람을 보면서, 각자 생각하는 게 다르다는 걸 이
해하고 조금은 너그러워졌어. 스페인으로 떠났던 신혼여행에서
는 차를 빌려 운전하고 다니면서, 낯선 동네에 대한 두려움을 털
어낸 것 같았고.

세상을 마주하는 태도가 달라지는 것. 그게 바로 다른 인간이 된
증거라고 생각해. 삶은 언젠가 끝나게 되는 여행과 비슷해. 그리
고 여행은 한 권의 책을 읽는 것과 닮았고. 시작과 끝이 있고, 이
전과는 다른 사람이 되어 있는 걸 깨달으며 지금-여기로 돌아와.

시험공부도 비슷하지 않을까? 하나의 교과를 공부하고 나면, 이
전과는 조금 달라진 사람이 되면 좋겠어. 아는 게 조금 더 많아져
서 함부로 판단하지 않고 너그러워지거나, 정교한 의미 차이를 이
해해서 정확하게 가려낼 수 있거나. 같은 교실에 앉은 친구를 '기
계처럼 외우기 대회 경쟁자'로 생각한다면, 너에게 공부는 아무런
의미가 없어. 공부는 다른 사람보다 잘났다는 걸 재는 도구가 아
니라, 네가 다른 사람이 되기 위한 정신적 여행이어야 해. 속 깊은
사람이 되기 위한 너의 공부를 응원할게.

내가 좋아하는 작가 중에 알랭 드 보통이라는 사람이 있어. 『불안』이라는 책에서 '시도와 불안'에 대해 얘기한 게 마음에 들더라고. 사람들이 시도하지 않는 건 실패에 대한 불안감 때문이고, 실패했을 때 상처 입게 될 자존심에 대한 걱정 탓이라더라. 이렇게 생각해볼 수도 있어. 얼마나 커다란 상처를 감당할 수 있는지, 얼마나 큰 불안을 이겨내고 시도할 수 있는지를 통해 그 사람이 가진 마음 그릇의 크기를 가늠할 수도 있을 거야.

시도하렴. 실패를 무서워하지 말고 시도해라. 지금까지 노력하지 않아서 성과를 거두지 못한 것은 당연해. 편하게 지내왔으니까. 그런데 그 실패에 빠져서 '난 안 돼'라고 포기하거나, '내가 한번 공부하면 언제든지 올라갈 수 있어'와 같이 생각만 하는 것은 아무 의미가 없단다. 시도하지 않으면 좌절감을 느낄 일도, 네가 달라지는 사건도 일어나지 않아. 공부해도 변화가 뚜렷하지 않을 수도 있어. 시도하지 않으면, 중학교 때 배운—그것도 가물거려서 우주 어딘가에서 깜빡일 것만 같은—수준의 삶에 머물러 있어야 한단다.

꼭 공부만 하라는 건 아니야. 네가 하고 싶은 일이 있다면 무엇이든 좋으니 시도해봤으면 좋겠어. 네 나이 무렵에 그런 일을 한 사람이 있거든. 카메라 하나 들고, 혼자서 이곳저곳을 여행한 여자 고등학생이 있었어. 사진을 찍고, 생각하고 느꼈던 것들을 블로그에 기록했지. 그 기록이 쌓이고, 블로그 이웃이 늘면서 『우물 밖 여고생』이란 책까지 내게 됐단다. 지금 그 작가는 이십대

초반인데, 여행 작가가 되어서 자기 삶을 멋지게 꾸리고 있더라.

고등학교에서 보는 첫 번째 시험은 네가 너의 가능성을 확인할 기회이자, 얼렁뚱땅 지내온 과거와 작별할 기회라고 여겼으면 좋겠다. 책을 읽고 개념을 이해하렴. 그리고 문제를 풀면서 이해를 점검해보자. 문제 푸는 것 자체가 공부가 되지는 않거든.

편하게 고여 있지 말고 시도하렴. 실수해도 되니까, 그냥 한번 해보렴. 불안과 두려움에 지지 말자. 나이와 상관없이 독서하고 여행해야 더 깊은 사람이 된단다.

네가 빛나는 자리

화요일부터 금요일까지, 너는 지난 나흘을 어떤 마음 상태로 보냈을까. 나는 이번 주 내내 종례시간이 가장 힘들었어. 월요일 종례시간에는 걱정이 컸어. 고등학교 시험과 중학교 시험은 성격이 다른데 중학교 때처럼 시험공부를 하고 있으면 어쩌나 싶어서. 중학교 시험의 목적이 학생들에게 공부의 재미와 자신감을 심어주는 것이라면, 고등학교 시험은 학업 성취도와 실수하지 않는 능력을 평가하려는 목적이 크거든. '비슷한 단어가 나오면 그럭저럭 맞추겠지'하는 '대충대충 덫'에 걸릴까 걱정했었는데…. 왜 슬픈 예감은 틀린 적이 없나.

화요일부터는 가슴이 아팠다. 1학년 학생 대부분, 300명이 넘는 학생들이 그 덫에 걸리더라. 질문을 이해하지 못한 경우가 많아서 당황스러웠어. 어휘력이 부족해서 문장의 의미를 정확하게 이해하지 못하고, 개념의 정의를 파악하지 못한 경우가 많아서 놀랐어. 서술형 문제의 답안을 채점하다가 머릿속이 번쩍하더라. 내가 파악한 너의 상황은 이랬어. 문장을 있는 그대로 이해하는 능력, 묻고 있는 내용 파악하기, 어떤 순서로 답해야 하는지에 익숙하지 않은 상태.

학교에 다니면서, 선생님들이나 교육부가 너에게 뭘 가르치려고 하는지 궁금했던 적 없니? 좋은 대학에 가는 것? 노벨상을 받을 만큼 뛰어난 학자를 양성하는 것? 아니란다. 그것보다 훨씬 중요한 목적이 있어. 우리나라에는 무엇을 어떻게, 어느 수준으로 가르치고 평가하라는 교육과정이란 게 있거든. 어떤 사람을 길러낼 것인가 고민하는 일을 맡은 곳이 교육부인데, 여기에서 밝힌 교육 목적이 있단다. 몰랐지? 대략적인 내용은 이래.

인성이 좋은 사람, 스스로 세상을 살아갈 수 있는 힘이 있는 사람, 함께 살아갈 수 있는 힘을 갖춘 민주 시민.

학교에서 배우는 모든 과목은 이 목표를 이루기 위해 이해하고, 연습하는 내용으로 이루어져 있어. 인성이 좋다는 게 '마음이 착하다'만 좁게 얘기하는 건 아니야. 편견과 선입견을 부수는 교육으로 더 좋은 인성을 기를 수 있거든. '다른 것'과 '틀린 것'을 정확하게 구분하는 것처럼 말이야. 그래서 선생님들이 너에게 정확한 '개념'을 설명하는 거야.

자립할 수 있도록 직업 세계와 계속 연결해서 안내하고 상담하는 것이고. 너를 혼내고 귀찮게 하려고 상담시간을 만드는 게 아니란다. 우리는 각자가 다른 사람이니까, 그 차이를 서로 이해하고 조화롭게 살자고, 대화를 통해 해결할 줄 아는 사람을 길러 내자고 하는 거야. 사이좋게 지내라고 말하는 까닭도 이제 이해가 되지?

그런데 지금 '대충대충 덫'에 걸린 친구들은 '개념'을 이해하지 못한 채 문제만 푸는 것 같더라. 한참 동안 그런 시간을 보낸 뒤에, '분노', '좌절', '허탈'로 어둑어둑한 너의 얼굴을 보는 선생님들의 마음도 시리다는 것을 너는 알고 있을까. 어떤 선생님도 자기가 가르친 학생을 괴롭히기 위해 문제를 내지 않는단다. 가르친 내용을 주머니칼이든, 망치든 좋으니까 삶의 도구로 삼아서, 정글 같은 세상을 무사히 헤쳐 나가기만 바랄 뿐이야. 나보다 더 품이 넓고, 생각이 깊은 사람이 되기를 바라며 너를 가르친단다.

그래서 나는 채점하면서 욕하고 울부짖는 너를 탓하지 않아. 직접적으로 문제 탓을 하는 학생도 있었지만, 나는 네가 스스로를 꾸짖는 소리라고 생각했어. 너의 욕설은 수업 시간에 집중하지 않은 탓, 시험 기간에 다른 데에 신경을 빼앗긴 탓, 개념을 제대로 이해하지 않고 자만한 탓을 하며 스스로 채찍질하는 말로 이해하고 있단다.

시험에서 100점을 맞으면 축하할 일이야. 그런데 0점을 받았다고 놀리거나, 무시 받아도 된다는 것은 아니지. 네가 시험에서

받는 숫자는 네가 어떤 사람이라는 걸 증명하지 못하거든. 9등급의 성적을 받았다고 네가 불량품 인간이 아니듯이, 1등급을 받았다고 네가 완전한 인간임을 증명하는 것도 아니야. 너는 성적, 숫자, 등급에 관계없이 중요한 사람이니까.

다른 사람들보다 좀 더 잘할 수 있는 분야를 찾자. 그래서 더 많은 사람을 도울 수 있는 분야에서 일할 때, 너의 가치가 증명될 수 있을 거야. 없어서는 안 될 사람이 되는 거지. 모든 선생님들은 너를 도울 준비가 되어 있단다. 어려워하거나 수줍어하지 말고 언제든 말하렴. 같이 너의 자리를 찾아보자.

바다를 깨는 도끼

호흡을 느껴본 적이 있는지 모르겠다. 숨을 들이켤 때 얼마만큼의 공기가 코나 입을 통해 들어오는지, 내쉴 때는 또 얼마나 나가는지 집중해 본 적이 있니? 숨 쉬는 데에 집중해보면 매일, 많은 게 다르다는 걸 감각하게 돼. 바짝 마른 아스팔트 위에 토도독토도독 비가 내리면 묘한 향기가 난다. 비 비린내라고 하는, 빗방울이 떨어지며 바닥에 쌓인 먼지를 쳐올리면서 섞이는 냄새. 비가 그치고 햇볕이 내리 쬘 때, 물방울을 머금고 데워진 공기가 얼굴과 콧속을 훅 치면서 올라오는 무게감.

우리는 너무 바쁘게 살고 있어. 바쁘다는 말이 변명처럼 쓰이기도 하고. 그런데 우리는 정말 바쁜 걸까. 한두 시간을 매일 나도 모르는 사이에 흘려버리는 것은 아닐까.

잘 느끼지 못하지만 지구는 스스로 돌고 있다는 걸 우린 알고 있지. 학교에서 공부하는 순간에도, 잠자리에 누워 잠을 자고 있을 때도 지구는 자전한다. 그런데 그 지구가 돌고 있는 속도는 절대 고요한 수준이 아니야. 초속 370m 이상의 속도로 돈단다.

지구는 자전을 멈춘 적이 없어. 우리 심장이 뛰는 것처럼, 일정한 리듬과 속도를 유지한 채 움직이고 있지. 쉬지 않고 움직이는 지구 위에서 우리가 멀미를 느끼지 않는 이유는 '규칙'에 익숙해졌기 때문일 거야. 일정한 리듬, 정해진 궤도, 태양계의 다른 행성들과 충돌하지 않으며 자전과 공전하는 흐름에 적응하면서.

'더 이상 새로운 것은 없다'고 여기게 되면, 우리의 몸과 뇌는 새로운 폴더와 태그를 여간해서는 만들지 않게 돼. 뇌는 게으름쟁이거든. 익숙한 법칙에 따라, 직관과 짐작으로 태그를 붙이는 것으로 분류를 끝내버려. 개별적 특성을 관찰하고 인정하는 것이 아니라, '그런 속성'을 가진 '덩어리'로 생각해버리는 바람에 우리는 종종 실수하게 되는 거야. '편견'과 '고정관념'이 그렇게 만들어진 찌꺼기이고.

심각한 문제는 우리 주변 환경이 너무 빠르게 변한다는 거야. 시시각각으로 변하는 사물을 모두 다 섬세하게 관찰하고 대비할 여유는 사실 없겠지. 그래서 우리 뇌도 자꾸만 여력을 만들려고 하는 것 같고. 그런데 그 익숙함에 길들여지면, 새로운 돌부리를 만났을 때 크게 넘어지게 된단다. 네가 책을 읽고, 공부하는 이유가 거기에 있어. 『변신』이란 소설을 쓴 작가 프란츠 카프카는 이런 말을 했다.

책은 우리 안의 얼어붙은 바다를 깨는 도끼여야 한다.

'우리 안의 얼어붙은 바다'는 너와 나의 일상이자, 고정관념이자, 얼어붙은 마음이지 않을까? 책 대신에 다른 예술을 놓아도 모두 옳은 말이야. 음악, 그림, 조각, 영화, 연극, 뮤지컬, 발레, 사물놀이는 우리 안의 얼어붙은 바다를 깨는 도끼가 된단다. 지금은 부지런히 얼어붙은 고정관념을 깨야 할 시점이다. 호흡을 가다듬고 섬세하게 살펴보자. 어느 부위를 찍으면 쩍! 하고 갈라질까.

대화의 힘

이번 주가 14일이라면 좋겠다 싶었어. 하루에 두 번 화장실에 가고, 점심을 먹는 시간에만 마음을 내려놓을 수 있었거든. 스물여덟 명, 너의 마음이 궁금했다. 시험을 망치고 어떻게 해야 하는지 고민하는 모습, 진로를 정하지 못해서 우왕좌왕하는 모습을 보며 어떻게든 돕고 싶었어. 내가 도울 수 있는 방법은 고작 너의 고민을 잘 듣고, 내 생각을 들려주는 일뿐인데, 그것조차 시간이 부족해서 마음이 무거웠고.

나는 종교처럼 믿는 게 있어. 마음을 터놓고 진심으로 나누는 대화의 힘을 믿어. 나에게 특별한 능력이 있다거나, 다른 사람들보다 대화 기술이 뛰어나다고 생각하는 건 아니야. 그저 귀 기울여 듣고, 솔직한 말이 가진 힘에 기댈 뿐이지.

나는 대화를 통해 너의 가능성을 깨울 수 있다고 생각해. 그렇다고 한 번의 대화로 너에게 영향을 끼칠 수 있다는 식의 믿음은 아니니까, 사이비 종교로 몰지 말기를. 너와 나에게 주어진 긴밀한 관계는 겨우 1년이라, 내가 줄 수 있는 도움이 있다면 모두 건네주고 싶은 마음만 간절할 따름이란다.

퇴근하고 저녁을 먹었어. 그리고 잠들기 전까지 글을 읽었어. 네가 일주일 동안 시집을 고르고, 친구들과 대화를 나누며 썼던 '시 경험쓰기' 수행평가를 읽었어. 기대 이상이었다. 진짜 국어, 문학 공부는 우리가 지난주에 했던 모든 과정들일 거야. 마음을 흔드는 시를 친구와 함께 읽는 일부터, 서로의 슬픔과 괴로움을 들키고 부끄러워하다가 공감과 위로를 주고받는 일들까지. 그리고 너의 경험을 글로 풀어냈던 경험을 잊지 말았으면 좋겠다. 마음이 힘들 때에는 시집을 펴서 위로를 찾고, 너의 이야기를 글로 써보렴.

많은 글을 읽다 보면 이해되지 않았던 사람들의 마음이 보이게 된단다. 사건을 겪는 인물의 마음을 상상하며 소설을 읽을 때, 네 마음에도 새로운 이해의 공간이 생기는 거야. 너도 그렇게 공감하고, 위로받고, 좋은 사람이 되어 타인과 대화할 줄 아는 어른이 되었으면 좋겠다. 우리는 서로 위로하고 공감할 때 삶을 풍성하게 가꿀 수 있어. 돈을 많이 버는 삶이 행복한 삶이 아니라, 함께 공감할 수 있는 삶이 행복한 삶이라고 나는 믿는다.

나는 너와 상담할 때마다 네 얼굴을 보며 속으로 기도해. 네가 한 번 괴로워할 때마다 한 가지씩 깨닫기를 바라며 너와 대화를 나누고. 나와 대화했던 내용들 중에 단 한 가지만이라도 직접 실천해서, 너의 삶이 달라지기를 소망하면서 네 말을 듣고 있어. 사람은 언제 어떻게 달라질지 모르거든. 베드로가 예수를 만나 새사람이 되었던 것처럼, 붓다가 어느 날 문득 깨달음을 얻은 것처럼. 삶은 네가 스스로 얼마나 소중하게 생각하는지, 정성을 기울여 움직이는지에 따라 너에게 다른 길을 열어준단다.

아무나 행복한 세상

효리네 민박 이효리 회장님, 코메디언 이경규, 강호동 아저씨가 길을 걸었다. 효리 회장님이 예쁘게 웃는 초등학생을 보고 걸음을 멈췄다. 머리를 쓰다듬고는 "진짜 예쁘다."라고 말하자, 곁에 있던 강호동 아저씨가 말을 이었다.

"어른이 되면 어떤 사람이 될 거예요?"

그 모습을 지켜보던 이경규 아저씨가 말했다.

"훌륭한 사람이 되어야지!"

그 말을 듣자마자 이효리 회장님이 이경규 아저씨를 째려보면서 독하게 한마디 했다.

"뭘 훌륭한 사람이 돼?"

그리고 초등학생에게 한마디 한다.

"그냥 아무나 돼."

학교는 계속 꿈을 찾으라고 한다. 그런데 문제는 학교에서 보통 말하는 꿈은 '장래 직업'을 가리킨다. 담임교사인 나도 너에게 그런 꿈을 찾으라고 말한 적이 있다. 개별적으로 상담을 하면서도 나는 계속 너에게 미안했다.

사실 우리는 '그냥 아무나' 되어도 좋을 세상에서 살아야 한다. 평범한 사람들이 행복하게 살 수 있는 세상이 되어야 한다. 모든 사람이 선망하는 어떤 직업인이 되어야 행복해지는 게 아니라, 아무나 행복한 세상을 만들어야 하지 않을까. 그런 세상은 너와 내가 함께 조금씩 바꿔갈 수 있다고 믿는다. 가만히 있으면 누군가가 그런 세상을 만들어주거나, 저절로 변하는 것도 아니니까. 나는 너의 꿈이 '아무나' 행복한 세상을 만드는 것이길 꿈꾼다.

그래서 너의 장래희망은 일회용이거나, 유통기한이 있어도 좋다. 한 달짜리 꿈도 좋고 한 학기 또는 일 년짜리 꿈도 좋다. 우리는 목표가 없거나, 중간 지점을 모를 때 우왕좌왕하게 되니까. 지금 생각해보는 꿈, 장래희망, 진로 방향은 앞으로 나아가는 데에 필요한 중간 지점이 된다. 그리고 그 중간 지점에 도달하기 위해 어떤 방법을 찾아야 하는지 고민할 때, 진짜 배움이 일어나고 너의 사고력이 향상된다.

우리의 삶은 밤의 바다를 항해하는 것과 비슷하다. 비행기를 타는 운 좋은 사람도 있겠지만, 대부분의 너와 나는 배를 만들 재료부터 준비해야 한다. 사실 목적지가 어디인지 나도 모른다. 이곳에 오랫동안 머물러 있을 수가 없어서 우리는 끊임없이 어딘가로

떠날 준비를 해야 한다. 되도록 무사히, 오랫동안, 건강하게 항해할 수 있도록.

학교에서 네가 가장 먼저 해야 할 일은 상상이다. 밤의 바다 위에 떠서, 5m가 넘는 파도에도 부서지지 않을 배를 상상해야 한다. 그리고 그 배를 만들기 위해 어떤 재료가 필요할지, 어떤 방식으로 건조할 것인지 고민해야 한다. 북극성을 찾고, 해가 뜨고 지는 방향을 이해해야 한다. 그리고 마음이 끌리는 방향을 정하고, 바람이 부는 방향을 파악해야 한다. 이것이 직업, 장래희망, 공부 방법에 대한 나의 생각이다.

덧말.

조카가 어린이집에서 단체로 소풍을 다녀왔나 보다. 이 아이들이 자라게 될 세상은 어떤 세상일까 가늠해봤다. 최선을 다하지 않아도 된다는 것은 아니지만, 평범하게 살아도 행복한 삶을 살았으면 좋겠다. 특별한 무엇이 되지 않아도, 아무나 행복한 세상을 살았으면 좋겠다. 뭔가를 하기 위해 꼼지락거리는 모습이 아름답다. 작아도 좋으니, 각자가 뭔가를 위해 꼼지락거리며, 전체와 부분을 가늠할 수 있는 능력을 키운다면 더 바랄 게 없겠다.

여름의 금을 밟고

봄날은 간다. 겨울은 모든 것이 웅크리는 계절이라서, 몸도 마음도 웅크리게 되지. 그러다 3월부터 5월까지 깊게 웅크렸던 몸을 깨우며 슬슬 긴장도 풀려 간다. 학교의 새해는 봄에 시작하는 덕분에 늘 긴장과 설렘으로 가득하다. 새로운 사람을 만나고, 익숙했던 것을 버려야 하는 3개월의 봄. 다짐과 설렘, 그리고 좌절과 실망, 무엇 하나 매끄럽지 않은 일들 때문에 스트레스가 많기도 했을 거야. 그런 봄을 잘 견뎌냈다.

오늘부터 6월이다. 여름의 금을 밟은 거야. 너와 굉장히 오래 만났다는 느낌이 들다가도 달력을 보고 놀란다. '이제 겨우 3개월 만났구나, 이제 겨우 100일이구나' 하고. 연애도 이런 느낌이었던 것 같아. 굉장히 많은 일들이 있었거든. 두근거리고, 선물을 주고받고, 짧은 만남을 위해서 KTX를 탔던 기억까지. 함께 나눈 기억은 도서관 책들처럼 빼곡한데, 핸드폰을 꺼내서 날짜를 확인하면 이제 겨우 100일. 너는 어떤 느낌이 들었니?

관계는 그런 것 같아. 오랜 시간을 함께 보낸다고 돈독해지는 것이 아니었어. 숱이 별로 없는 엉성하게 긴 시간은 관계에 별로 도움이 되지 않더라. 오히려 짧지만 빽빽한 밀도로 채워진 시간이, 서로 마음을 얼마나 쏟았느냐가 중요했던 것 같다. 그리고 혼자 있을 때에는 서로의 관계를 돌아보며 성찰하는 게 필요해. '그 친구는 해산물을 잘 못 먹었어, 다음에는 쌀국수를 먹으러 가야겠다'처럼. 다시 만났을 때, 같은 실수는 반복하지 않고 좋아하는 일을 같이 하면서 관계는 발전하게 되거든. 사람과의 관계에만 그치는 이야기가 아니야. 너와 관계를 맺고 있는 모든 사물, 사건이 같은 원리에 따라 발전하거나 어그러진단다.

지금보다 더 나은 사람이 되기 위해서 두 가지 방법이 있어. 해 볼래?

첫 번째는 사람과 함께 대화하는 거야. 너는 3년 뒤면 완전히 새로운 맥락과 관계 속으로 들어가게 될 거야. 어떤 일을 하게 되든 혼자 할 수 있는 일은 거의 없으니까. 1인 방송을 하는 유튜브 크리에이터가 되더라도 영상 편집이나, 촬영을 맡아 줄 사람이 필요한 것처럼. 혼자 할 수 있는 일은 단언컨대, 거의 없어. 속 깊은 대화는 너의 모난 점을 부드럽게 다듬어 줄 수 있는 시간이 될 거야.

두 번째는 혼자 있는 시간을 갖는 거야. 사람은 '자기만의 시간과 공간'이 필요하거든. 사람 사이에서 끝없이 오가다 보면, '내가 지금 뭘 하고 있는 거지?'와 같이 정신이 멍해지는 순간이 와. 자신을 충전하는 시간이 없으면, 언젠가는 양초처럼 다 타버리고 '너의 모습'이 사라지게 될 거야. 오직 홀로 생각하는 시간만이 너를 너답게 만들어. 너의 개성을 조용히 채우면 좋겠다. 속이 단단한 사람만이 다른 사람과 함께 있을 때 빛나게 되니까.

여름이 온다. 6월은 햇볕이 따가워지기 시작해. 피부가 노릇노릇 건강하게 익어갈 거야. 땀이 흐를 테고 더위 탓에 마음도 몸도 불편해지겠지. 그래서 여름은 '내가 어떤 사람인가'가 드러나는 계절이기도 하단다. 더위에 몸이 지치면 자연스럽게 짜증이 나. 무의식적으로 짜증이 몸가짐, 말가짐에 배어나고 말거든. 힘든 시기를 지나면, 그 사람이 어떤 사람인지 알게 돼. 봄날에 만난 너는 좋은 사람이라고, 나는 생각했다. 여름에도 그렇겠지?

첫사랑에 실패하더라도

첫사랑은 우왕좌왕하다가 끝나는 경우가 많아. 태어나서 처음 느껴보는 감정이라, 어떻게 말하고 행동해야 좋을지 고민이 많은 거지. 어릴 때 우리는 주변 사람들로부터 사랑을 받기만 했지, 사랑을 주는 법을 배우지 못했어. 뭐든 처음은 서툴잖아. 상대가 어떤 사람인지도 모르고, 나는 어떻게 해야 될지조차 결정하지 못했기 때문에 첫사랑은 힘들어.

오늘 네가 처음 치른 모의고사도 그렇단다. 따로 문제집을 풀거나, 준비를 한 사람은 대략 어떤 느낌이라는 건 알았겠지만 당황스러움을 피하진 못했을 거야. '연애 지침서'를 읽는 것과 '직접 사랑하는 것'이 다른 만큼, 문제집을 푸는 것과 고사장에서 모의고사를 치르는 것은 다르니까. 그래도 처음은 어떻게든 지나간다.

첫사랑에 실패했을 때, 나의 말과 행동을 처절하게 돌아보면 다음에는 실패하지 않을 수 있어. 내가 떠나갈지언정, 나의 잘못으로 상대를 지치게 만들지는 않게 돼. 처음 치른 모의고사 문제지를 가방이나 서랍, 분리수거 통에 쑤셔 넣으면 안 된다. 고등학교에서 보낸 3개월을 돌아보고, 어떻게 하면 좋을지 생각해보자. 해왔던 대로 해서 실패했다면, 지금 당장 잘못된 점을 고쳐야 다음이 있어. 실수를 살피지 않으면, 첫사랑과 같은 패턴으로 백 번도 차일 수 있다고.

사실, 나는 숫자로 너를 줄 세우기 싫다. 국어, 수학, 영어, 한국사, 사회, 과학의 시험 성적이 너에 대해 얼마나 많은 이야기를 해줄까. 나는 그저 네가 전국에서 몇 번째 정도의 성취도를 보이고 있다는 정보밖에 알 수 없어. 그런데 그것조차 정확한 정보가 아니잖아. 그날의 컨디션에 따라 다를 테고, 찍은 문제가 맞았을 수도 있어. 장염이나 배탈 때문에 집중하지 못했을 수도 있고. 그게 너뿐만이 아니라, 전국의 다른 모든 학생들에게도 벌어진다면 그 정보를 100% 신뢰할 수 있을까.

공부는 남을 짓밟고 경쟁에서 이기기 위해 하는 게 아니야. 중고등학교에서 네가 보내는 시간은 다양한 분야의 이야기를 듣기 위한 거야. 거대하고 복잡한 세상을 이해하기 위해 작은 문을 만들어두는 과정이거든. 앞으로 2년 반, 네가 어떤 사람인지 알아내는 시간이 되었으면 좋겠다. 무엇을 잘하는지, 어떤 면에서 다른 사람이 어려워하는 것을 도울 능력이 있는지 스스로를 깨닫는 시간으로 채웠으면 좋겠다.

책과 영화를 보고, 다양한 사람들과 대화를 나눈다면 더 바랄게 없겠다. 너의 장점을 알기 위해 노력하고 친구를 돕는 시간을 보내면, 그 경험과 기록이 너의 진짜 모습을 보여줄 거라고 나는 생각해. 한 번 실패한 사랑 때문에 스스로를 포기하는 실수는 하지 말자. 진짜 사랑, 진짜 삶이 오고 있으니까. 이제 꼭 잡을 준비를 할 때다.

진정한 눈은 관심어린 표정에 있다

학교의 1년은 3월에 시작해서 2월에 끝난다. 그래서 봄이 와야, 진짜 새해를 맞는 기분이 든다. 붉게 물들었던 가을을 끝으로 모든 색깔은 잠시 숨는다. 겨울은 모든 색깔을 하얀 눈 아래로 묻어둔다. 그리고 새봄, 얼었던 땅 밑, 바짝 마른 나뭇가지에 햇볕의 각도가 적절해지는 순간이 온다. 그리고 "하나, 둘, 셋"을 센 것처럼 모든 식물들이 몸으로 외치는 순간이 온다. 봄을 향해 손끝을 피워낸다. 매번 돌아오는 새로운 학년이지만, 늘 반겨주는 것 같았다.

오월과 함께 봄꽃이 진다. 변덕스러운 봄 날씨에 몸살을 앓다가 떨어진다. 꽃이 진다고 나무가 아름다움을 잃는 것은 아니다. 여름을 준비하고, 열매를 준비하기 위해 화려한 축제를 발아래 묻어두는 것이다.

여름이다. 너와 내가 함께 보낸 봄이 지나고 이번 학기도 이제 끝이 보인다. 봄날의 산책은 행복하지만, 꽃이 저물지 않으면 나무는 더 자랄 수 없다. 다음 축제를 기약할 수 없다. 유월은 봄날의 설렘을 묻어야 할 때다. 바람과 햇빛이 흐르는 대로 따라가면 길을 잃는다. 나무도 최선의 방향을 찾아 가지를 뻗는다. 귀찮아도 너의 힘으로 걸어야 길을 잃어도 얻는 게 있다.

나는 네가 늘 최선을 다하는 사람이 되길 바라지 않는다. 삶은 길다. 50m, 100m는 최선을 다해 달릴 수 있다. 한두 달은 달릴 수 있다. 그러나 삶은 42.195km나 되는 마라톤과도 비교할 수 없이 길다. 항상 최선을 다하는 사람은 멀리 갈 수 없다. 지친다. 오르막과 내리막을 달리는 자전거처럼 가야 지치지 않는다. 오르막에서는 기어를 낮춰서 여러 번 페달을 밟으며 천천히 올라가야 한다. 내리막에서는 브레이크에 신경을 쓰면서 페달 밟는 건 멈추고, 바람을 느끼며 땀을 식혀야 한다. 지금 너는 어느 구간을 달리는 중일까.

오늘 국어 시간에 수업했던 내용에 더하고 싶은 말이 있다. 봄꽃이 피고 지는 모습은 마음을 두고 지켜보는 사람 눈에만 보인다. 세상을 보는 진정한 눈은 '관심어린 표정'에 있다. 다른 사람을 잘 지켜보는 것과 사물을 관찰하는 눈은 다르지 않다. 친구의 얼굴, 몸짓을 보고 친구의 마음과 처지를 상상하는 눈을 길렀으면 좋겠다. 흩날리는 봄꽃을 보고, 꽃이 겪은 매서운 겨울과 나무가 맞이할 풍성한 가을을 상상할 수 있으면 좋겠다. 그렇게 상상하고 생각하는 연습이 마음의 힘을 키우고, 눈을 맑게 닦는다.

올 여름에는 작은 것을 보고 처지를 상상하는 감수성을 연습해 보자. 감수성을 죽이는 가장 큰 독약은 귀찮음이니까, 주의하시고. 귀찮음은 감수성만 죽이는 게 아니라, 언젠가는 자신도 병들게 만든다.

좋은 취미는 대나무의 마디와 같아서

네 번째 임용고사를 준비하던 6월이었어. 나는 아내의 아침식사를 차렸고. 아내는 바쁘게 옷매무새를 정돈하며 빵 한 조각과 홍차 한 모금을 마시고 출근했던 어느 날이었어. 나는 남은 빵과 홍차를 해치우고, 시리얼 한 그릇을 더 먹은 뒤에 집에서 공부하려던 참이었지.

그때는 모든 시간이 아까웠어. 밥 먹는 시간도 줄였고, 아내 다음으로 사랑하는 커피도 인스턴트를 마셨지. 그렇게 쪼개서 만든 시간에 화법, 문법, 문학, 교육학 공부만 했어. 친구를 만나는 시간도 따로 내지 않았고. 블로그와 SNS로 인연이 오래된 사람들과 온라인 대화만 주고받았거든. 그날 문득 이런 생각이 들었어. '나는 공부하는 게 아니라, 이기지도 못할 시간과 싸우는 것 같네.' 숨이 막히더라.

그대로 아침 공부를 접었어. 슬리퍼를 끌고서 커피 원두를 파는 카페에 갔지. 향이 좋은 원두를 사서 집에 돌아온 다음, 부엌 구석에 보관했던 커피 도구들을 찾아서 꺼냈어. 손으로 커피를 내릴 때 쓰는 도구들을 모조리 꺼냈고, 커피를 만드는 과정 하나하나에 집중했단다. 지금도 그날이 기억나.

전기 주전자로 물을 끓여. 그 사이, 핸드 그라인더에 커피콩을 넣고 너무 빠르지 않게 갈아내는 거야. 너무 빨리 갈면 콩이 밖으로 튀어 오르기도 하고, 가는 도중에 생긴 열 때문에 커피 맛이 달라질 수도 있거든. 곱게 갈아낸 커피가루를 거름종이에 담아내. 다 끓은 물을 커피 드립용 주전자에 부어서 뜨거운 김을 한번 날리고 마음 가라앉히기. 천천히 균일하게 가느다란 물줄기를 커피가루 위에 부어서 적신 다음, 20~30초 동안 기다리는 거야. 그러면 점점 커피가 부풀어 오른다. 빵이 오븐에서 구워지는 것처럼. 풉-하고 공기가 빠지면, 숨을 고른 뒤에 동글동글 달팽이집 모양으로 물줄기를 부어가며 향과 맛을 뽑아 내리는 거야. 그렇게 커피 한 잔을 내렸다. 좁은 집 안에 커피향이 가득해졌지. 그제야 숨을 쉴 수 있었어.

이번 주 조회마다 나는 너의 얼굴만 살피고 교실을 나왔어. 월요일부터 오늘까지 여덟 개의 수행평가를 치러내느라 허덕이는 얼굴이 안쓰러웠거든. 앞에 마주한 수행평가와 다투고 있는데, 뒤에서는 시험이 무섭게 날아오고 있으니까. 시간은 늘 두세 걸음 앞서 가면서 너에게 '메롱'을 날리는 것 같더라.

좋은 취미는 대나무의 마디와 같아. 대나무는 마디에 생장점을 갖고 있어서, 마디로부터 뻗어 자라거든. 가늘고 속이 비어있지만 마디 덕분에 쉽게 부러지지 않아. 태풍이 불어도 흔들리다가 제자리로 돌아오지. 너에게 그런 마디가 되는 취미가 있다면 좋겠다. 스마트폰 작은 화면이 네가 가진 마디의 전부라면, 나는 정말 슬프다.

'즐겁게 집중할 수 있는 일'을 되도록 일찍 찾았으면 좋겠다. 내가 임용고사 수험 기간 내내 커피로 쉼표를 찍으며 무너지지 않았던 것처럼, 너도 새로운 힘이 생겨나는 취미를 갖는다면 좋겠다. 그럼, 버텨지거든. 절대 부러지지 않거든.

왜 나만 갖고 그래

우리는 완벽하지 않다. 그러나 종종 그 사실을 잊는다. 실제 능력보다 자신의 실력을 과대평가하기 쉽다. 작은 세상에 갇혀서 더 많은 사람과 세상을 경험하지 못할 때 나타나는 증상이다. 스스로 완벽하지 않다는 점을 알아야 한다. 자신의 지금 모습을 제대로 파악해야 고칠 수 있고, 전보다 더 나은 사람이 될 수 있다. 잘 알지 못해서 하게 되는 실수는 괜찮다. 그러나 누군가 그 실수를 지적했다면, 바로 잘못을 알고 고쳐야 한다. 모른다는 것이 잘못을 보호하는 당당한 방패가 될 수는 없다.

"왜 나만 갖고 그래."

잘못을 지적하면 쉽게 내뱉는 말이다. 저렇게 말을 하는 사람은 두 가지 마음을 드러낸다. 하나는 모두에게 지적받은 행동을 했다는 점은 인정하는 말이다. 이성적으로 판단했을 때 잘못된 행동이란 점은 인정한다. 반면에 자신만 그 행동을 한 것이 아닌데, 특히 자기만 지적받는 것은 공정하지 않다는 억울한 마음이 저 말에 드러난다. 전 재산이 29만 원밖에 없다는 어느 분도 그렇게 말했고.

공정함은 모두가 규칙을 지킬 때 기대하는 덕목이다. 지난 수십 년간 우리 사회는 '공정한 척'하며 고속 성장을 했다. 공장을 가동하며 나오는 폐수가 나쁜 줄 모르고 강에 흘려버렸다. 환기도 되지 않는 공장에서 하루 18시간씩, 최저 임금도 주지 않은 채 10대 소녀들을 혹사시켰다. 반도체 공장에서 20대 직원이 일하다가 백혈병을 얻기도 했고, 회사의 사정이라며 직원을 갑자기 해고하기도 했다. 각자 개인들이 잘살아 보겠다고 최선을 다하느라, 주변을 돌아보지 않았다. 그 행동이 공정한지 고민하지 않았다. 모두가 그러니까 괜찮을 줄 알았고, 아파도 나만 아픈 게 아니어서 말하지 못했다.

시간이 지나, 각자의 행동이 문제였다는 것이 드러났다. 반응은 제각각이었다. 자신의 잘못을 인정하고 부끄러워하는 사람들이 있었다. 그들은 문제 해결을 위해 애썼고, 피해를 입은 사람들에게 용서를 구하며 보상하려 노력했다.

또 다른 사람들이 있었다. "왜 나만 갖고 그래. 그때는 모두가 그랬어."라고 말하며 자신의 잘못을 모두의 탓으로 돌리는 모습을 보였다. 공정함을 스스로 깨뜨린 사람들이 가장 먼저 사회의 규칙을 믿지 않는다. 규칙을 지키는 사람들을 가리키며 바보라고 비웃는다.

우리는 부끄러움을 알아야 한다. 모르고 실수할 수는 있다. 그 실수는 딱 한 번 용서받을 수 있다. 그 실수를 장난처럼, 또는 친근하게 지적하더라도 모두가 실수를 기억한다. 모르는 것도 죄다. 깨닫지 못하는 것은 더 큰 죄다. 잘못을 지적받았을 때 부끄러워하지 못하는 사람은 전보다 나쁜 사람이 되고 만다.

7월 20일

단 한 번뿐인 삶

한 학기 동안 수고했어. 3월부터 7월, 고작 4개월 조금 지났을 뿐인데 이 쪽지종례를 쓰면서도 굉장히 많은 일이 머릿속에 떠오른다. 너도 그랬겠지만, 나도 3월의 첫날은 참 많이 어색했거든. 어떤 말을 꺼내야 좋을지, 어떻게 관계를 맺어야 좋을지 고민도 많았고. 그런데 이것저것 생각하지 않기로 하고, 시간이 흐르면서 부딪히는 너를 그대로 이해하기로 마음먹은 순간부터 좀 편해지더라. 너는 매일, 매시간 달라지며 자라는 중이니까 고정된 모습으로 기억하지 말아야겠다고 생각했거든. 그래서 최대한 너와 많은 대화를 나누고 싶었던 거야. 그러다가 이렇게 여름방학을 맞닥뜨리고 말았고.

여름방학은 길지 않아서 걱정이다. 충분히 쉬기에도 부족한 게 맞아. 나도 그렇게 생각해. 그런데 아무런 고민도 하지 않고 여름

쪽지종례 177

을 보내면 위태로워진단다. 공부만 잘하면 모든 게 해결되는 시대는 이제 다시는 오지 않을 거야. 우리가 아무리 외우고 정답을 맞혀도 구글과 네이버를 지식으로 이길 수는 없거든.

나는 네가 고민할 줄 아는 사람이자 어른이 된다면 좋겠어. 어떤 질문이든 너의 생각을 당당하게 말할 수 있기를 바라고. 내가 너와 대화할 때 가장 두려운 대답이 있었는데, 뭘 것 같니? 내가 너의 생각이나 감정을 물어 봤는데, 네가 "모르겠어요."라고 답할 때, 나는 벼랑 끝에 서 있는 기분이 들었어. 심쿵. 돌이 투둑투둑 떨어지고 조금만 더 뒤로 물러서면 벼랑으로 떨어질 것 같은 느낌. 『왜 학교는 불행한가』라는 책을 읽은 적이 있는데, 보여주고 싶은 문장이 있었어.

> *독립하지 못한 인간은 자기의 삶을 살 수 없다. 자기의 삶을 살지 못하고 남의 삶을 사는 사람은 인생을 헛사는 것이다. 사람은 누구나 한 번 태어나 한 번의 세상을 살다 간다. 두 번이 아니다. 단 한 번뿐이다. 그 한 번밖에 살 수 없는 삶을 남의 삶으로 살 수도 있고 자신의 삶으로 살 수도 있다. p.129*

거창고등학교 교장선생님이셨던 전성은 선생님이 쓴 책인데, 이 책을 읽고 한 가지 답을 찾은 기분이 들더라. 학교는 배우는 즐거움을 느끼기 위해 시작한 약속 장소였어. 그런데 시간이 흐르면서 사회에 잘 적응하는 인재(사람 부품)를 키워서 선발하는 곳으로 변한 것 같다는 생각이 들더라.

스스로 생각할 시간을 학교가 빼앗고 있는 건 아닐까, 너는 충분히 생각할 능력이 있는데 수업 시간과 과제, 학원과 수행평가가 너의 생각할 시간을 훔쳐 가는 건 아닐까 싶었어. 난 그래서 방학이 너의 행복을 위해 소중한 시간이 된다고 믿어. 네가 원하는 삶을 고민할 여유가 오늘부터 생긴 거야. 단 한 번뿐인 너의 삶을 고민해보렴.

덧말.

할 말이 많다. 그래서 쓸 수 없었다. 하고 싶은 대로 사는 사람이 행복하다. 그래서 어린이가 세상에서 가장 행복하다. 가정을 벗어나, 타인과 관계를 맺으면서 사람은 슬픈 존재가 된다. 타인의 눈에 비치는 자신을 보고, 신경 써야 '다른 사람에게 좋은 사람'이 될 가능성이 높아진다.

1학기가 끝났다. 나는 너를 이 사회에 잘 길들이려 노력하는 중일까, 아니면 내 목표대로 생각하는 사람을 키워내는 중일까. 고작 10개월의 만남으로 변화를 이끌어 낼 수 있을까.

이런 고민의 답을 찾기 전에 먼저 쓰러질 형국이다. 바깥은 여름이고 내 안은 용광로다.

가정통신문

다정한 자극을 주세요

유난히 뜨거운 여름입니다. 더위에 힘드시지 않는지 걱정이 앞섭니다. 안녕하셨습니까. 담임교사 이경준입니다. 1학기가 끝날 때가 되어 다시 편지로 안부를 여쭙습니다.

고등학교 첫 학기는 수많은 혼란에 아이의 마음이 힘든 시기입니다. 고등학교 생활이 중요하다는 것은 익히 들어 알고 있지만, 생활 습관과 공부 방법을 바꾸지 못해 몸도 마음도 힘들어합니다. 그런 자녀를 지켜보며, 직접 도움을 주실 수 없는 학부모님의 마음은 더욱 무거우셨으리라 생각합니다.

한 학기가 끝났습니다. 아이들은 고등학생이 된 지는 겨우 4개월밖에 되지 않았지만, 마음은 1년 이상 자랐다고 생각합니다. 중학생이었던 작년과는 비교할 수 없을 만큼 속으로 자란 듯합니다. 그래서 저도 조바심이 납니다. 아이들이 학교와 학교 밖에서 다양한 경험을 하고 생각하며 진로를 고민하고 있습니다. 매일 변하고 성장하는 아이를 마주하고 상담하고 싶은데, 시간이 여의치 않아서 긴 상담을 못 한 경우가 많았습니다. 2학기에는 방과 후에라도 상담하는 시간을 만들어 대화를 하고자 합니다.

이번 시험에서 성적이 오른 경우도 있고, 오히려 떨어진 경우도 있습니다. 성적의 등락보다 중요한 것은 아이가 목표를 찾는 것이라고 생각합니다. 공부를 해야 하는 이유를 학생 스스로 명확하게 인식하고 있어야 공부할 마음이 듭니다. '성적을 올리겠다'는 눈앞의 목적은 학생이 스스로 공부하고 싶은 동기를 만들지 못합니다. 그래서 부탁드립니다.

한 학기 동안 잘 적응한 우리 아이에게 격려의 말씀 부탁드립니다. 그리고 여름방학 기간에 자주 대화를 나눠 주시길 바랍니다. 요즘 관심이 있는 것, 흥미로운 것이 무엇인지 질문해주시고, 다양한 책을 읽도록 다정한 자극을 주시길 부탁드립니다.

학부모님께서 학교에 보여주신 관심어린 애정에 다시 한 번 깊이 감사드립니다. 여름이 물러갈 즘, 밝은 얼굴로 학생들과 만날 준비를 하고 있겠습니다.

우리 앞에 있는 흙을 차곡차곡 쌓다 보면

올여름은 태어나서 처음 겪는 더위였어. 에어컨 없는 집에 누워 있다가 '이대로 집에서 죽을 수도 있겠구나' 하는 생각이 들기도 했고. 모진 여름을 잘 견뎌내고 건강하게 다시 볼 수 있어서 참 다행이다.

나는 이번 여름방학이 지워졌어. 새로운 수업 기법을 배우기도 하고, 모둠별 보고서도 작성하면서 3주를 보냈거든. 만나고 싶었던 작가를 만나서 특강도 듣고, 책에 사인을 받기도 했어. 그게 내가 보낸 여름방학의 전부였던 것 같아. 낮에는 바깥에 나서기가 겁나더라. 밤에도 더워서 제대로 잤던 날도 드물었어.

오늘 새벽, 시간이 참 무섭게 느껴지더라. 밤에 자다가 여러 번 깼거든. 창문을 닫고 자다가 더워서 창문을 열고 다시 잠들었는데, 새벽 무렵에는 춥더라고. 추위 때문에 깨달았어. '올해도 겨우

3개월이면 끝이구나' 하는 생각이 심장을 짜르르하게 만들어서, 갑자기 더 서늘해졌어.

어쩌면 우리의 생활도, 삶도 고작 하루 만에 달라지는 공기의 온도처럼 한순간에 바뀌는 게 아닐까. 지구가 태양에서 하루만큼 다가가며 더워지고, 하루만큼 멀어지며 서늘해지는 순간이 오는 것처럼 말이야. 행복해진다는 것, 좋은 사람이 된다는 것도 하루에 한 걸음씩 가다가 마주치게 되는 순간일 것 같아. 이번 여름에 읽은 책에 이런 내용이 있었어.

> 흙을 쌓아 산을 이루면, 거기에 바람과 비가 일어나고
> 물을 쌓아 연못을 이루면, 거기에 물고기들이 생겨나고
> 선을 쌓고 덕을 이루면, 신명이 저절로 얻어져서 성인의 마
> 음이 거기에 갖춰진다.
> — 최진석 『탁월한 사유의 시선』, 『순자』, 「권학」편 재인용

행복, 돈, 명예, 사랑, 우정을 목표로 노력하면 다 얻을 수 있을까? 순자의 저 글을 읽으니까, 행복, 돈, 명예, 사랑, 우정은 '바람, 비, 물고기, 성인의 마음'처럼 오는 것이겠구나 하는 생각이 들더라. 눈에 보이지 않는 바람을 만들기 위해 아무리 손으로 부채질을 해도 큰 바람, 비는 오지 않는 것처럼. 우리 앞에 있는 흙을 차곡차곡 쌓다 보면, 어느 날 우리가 바라던 바람, 비, 행복, 사랑, 우정이 생겨나고 찾아오게 되는 것 같아.

잘 쉬었는지 모르겠다. 아직 방학이 몸에 남아 있을 테고. 더위 때문에 체력도 많이 떨어졌을 것 같고. 주말 동안 편히 쉬고 고민했으면 좋겠다. 상담은 다음 주부터 개별적으로 정해서 진행할게. 듣고 싶고, 묻고 싶은 이야기가 많거든. 지금 너의 앞에 있는 흙, 내 앞에 있는 흙이 뭔지 구체적으로 생각하고 대화해보자. 다시 봐서 좋아.

태풍이 지나가고

다행이다. 솔직하게 고백하면, 태풍이 남양주를 그대로 관통할까 봐 걱정이 많았어. 어릴 때 우리 집도 태풍이었는지 홍수였는지 기억은 가물거리지만, 피해를 입은 적이 있거든. 개조된 한옥이었는데, 시멘트로 포장된 마당에 물이 가득 차서 마루, 부엌, 방까지 물이 찰방찰방했어. 분명히 여름이었는데, 며칠 동안 해가 안 뜨는 바람에 이가 덜덜 맞부딪히면서 떨었거든. 구호품으로 온 담요를 덮고, 칼국수 라면을 끓여 먹었던 기억이 나서 걱정했어.

나는 안전만큼은 아주 예민하고 과도하게 준비하는 게 맞다고 생각해. '나는 괜찮겠지' 하는 생각이 정말 많은 사고를 만들어 내는 것 같거든. 중학교 때는 집에 가다가, 내 눈앞에서 무단횡단을 하던 친구가 택시에 치인 것도 본 적이 있어. 다행히 많이 다치지 않았지만, 심장이 엄지발가락까지 떨어진 것 같은 기분이었거든.

남쪽 지방은 정말 큰 피해가 있는 것 같아. 혹시, 친척 분들이 남쪽 지역에 살고 계신다면 안부 전화를 드려 보렴. 피해가 적지 않을 것 같아. 다음 달이면 추석인데 복구가 잘 될지 모르겠다.

이번 주부터 상담을 시작했는데, 1학기 때의 모습과는 많이 달라진 느낌이 들더라. 방학 내내 스스로 고민도 많이 하고 애쓴 느낌이 들어서 참 좋았어. 물론, 네가 마음속으로 힘들어하는 모습이 안타까웠지만, 그 고민의 시간을 잘 견뎌낸다면 또 한 번 깊어질 거라고 믿거든.

지난 수요일 국어 시간에 소개했던 책 기억하니? 나는 히가시노 게이고의 소설 『나미야 잡화점의 기적』에서 이런 내용이 인상 깊었어.

상담 받고자 온 사람은 사실 답을 갖고 있고, 다른 사람에게 그 답을 확인받고 싶어 한다는 것. 그리고 사람이 말을 한다는 것은 아무리 작아도 모두 의미가 있는 소중한 것이라는 것. 그리고 결국 문제가 해결되거나 고민이 해결된 것은 상담의 덕택이 아니라 당사자의 마음가짐과 실천이 힘을 발휘했다는 것.

너와 상담을 하면서 저 내용들이 떠올랐어. 여름방학 동안 얼마나 고민을 많이 했을까, 믿을 수 있는 사람에게 하고 싶은 말, 묻고 싶은 말이 얼마나 많았을까—하고 떠올려봤어. 그리고 스스로 답을 찾았지만, 아직 확신하지 못하고 있다는 느낌도 받았고. 아직 상담을 하지 못한 사람도 있지. 그런데 나는 네가 방학 동안에 학교에 있을 때보다 더 많은 걸 고민하고 생각했을 거라고 믿어.

나는 너의 이야기를 듣고, 너의 말속에 있는 답을 또렷하게 드러내주는 역할만 할 수 있어. 일이 잘 되고, 네가 성공하게 되는 모든 것은 오직 너의 마음가짐이 좋기 때문일 거야. 지치지 말고 남은 2학기에도 힘내보자.

말꼴과 얼꼴

네가 하는 말이 곧 너의 모습이 된다. 평소에 어떤 말을 많이 하는지 생각해보렴. 말은 상상 이상으로 힘이 세서, 너의 입 밖으로 나온 순간부터 너를 대신하게 돼. 그래서 장난이, 농담이, 소문이 입 밖으로 나온 순간부터 무섭게 자라게 되지. 어떤 마음으로 말을 하는지 돌아보자. 다른 사람의 마음을 즐겁게 해주거나 위로하기 위해 했던 말이 많은지, 너 스스로 재밌기 위해 했던 말이 많은지 가늠해보자.

늘 다른 사람들에게 좋은 말만 하면서 살 수는 없을 거야. 안 좋은 모습을 보더라도 험하게 얘기하지 않으려 애쓰는 사람은 상처 주는 말이 어떤 힘을 갖는지 아는 사람이라고 생각해. 그런데 사람 사이에서는 마찰이 생길 수밖에 없어서, 좋은 말만 하는 사람들은 속으로 자기 마음을 갉아 먹으며 버티는 중이라 많이 힘들 거야.

그렇다고 자기 마음에 어긋날 때마다 듣는 사람 마음에 상처 주는 말을 하는 것도 좋지 않아. 거친 욕설은 날카로운 칼날이거든. 당장 시원한 느낌이 들 수 있지만, 욕은 손잡이가 없는 칼이라 던지는 사람도 상처입고 말아. 그래서 욕은 듣는 사람이나 말하는 사람 모두 상처를 입게 돼. 네가 던진 말에 상처 입은 사람은 네 상상 이상으로 오랫동안 아플 거야. 어쩌면 잊지 못 할지도 몰라. 너도 나쁜 말을 한 사람으로 여러 사람에게 기억될 거고.

말과 글은 잘 다듬어야 하는 도구야. 감정을 쏟아낼 때 말과 글이 아니면, 너의 기분을 어떻게 정확히 표현할 수 있을까? 몸짓이나 춤으로? 너의 생각을 말과 글로 드러내지 않으면 누가 너를 이해해줄까. 나의 감정을 정확하게 이해받지 못하는 상황처럼 답답한 일도 없거든. 게다가 말과 글에서는 생각지 못한 부분이 더 중요할 수도 있어. 사실 말은 '문장'이나 '내용'보다 '어투'와 '느낌'이 훨씬 중요해. 아래 '넌 내꺼야'를 볼래?

넌 내꺼야　　넌 내꺼야　　넌 내꺼야　　넌 내꺼야

글꼴에서도 감정이 다르다는 게 느껴지니? 첫 번째 손글씨 느낌은 어떤 마음일까? 첫사랑, 아니면 소중한 사람에게 손글씨로 좋아하는 마음을 담아서 쓴 것 같은 귀여운 느낌이지? 두 번째 굴림체는 어떨까? 이모티콘이 없다면 어떤 마음인지 가늠할 수 없을 거야. 무미건조해. 세 번째는? 무섭고 강압적인 어투로 겁을 주면서 사랑을 강요하는 느낌이 들지 않니? 네 번째는 있어서는 안 될 사랑 같고. 저주 걸린 사랑의 느낌이랄까.

같은 내용도 글꼴마다 다른 느낌으로 다가오듯, 말도 어투에 따라서 정말 다른 느낌을 주게 돼. 말은 물리적인 소리 에너지로 전달되는 거야. 그래서 말은 글보다 더 큰 감동을 주기도 하고, 마음을 직접 건드리는 힘이 더 크지. 2학기 들어서 정말 많은 일이 있던 것 같다. 어떤 말을 어떻게 하면 좋을지 각자 생각해보는 주말을 보냈으면 좋겠어. 너의 말은 네 영혼의 꼴이거든.

사람과 사람 사이에서

찬바람이 불면 '사람도 동물이구나' 하고 새삼 깨닫곤 해. 여름 내 더워서 잠도 제대로 못 잤는데, 이제는 아침에 이불 밖으로 나오는 게 정말 힘들더라. 가을은 아침잠이 달콤해. 기분 좋은 선선한 공기에, 산뜻달콤한 이불을 뒤엎고 일어나는 건 참 어려워. 나만 그런 게 아니라는 걸, 요즘 지각하는 사람이 많아지는 걸 보면서 생각했어. 겉으로는 화내고, 속으로는 웃고.

사람은 시간을 기준으로 활동해. 9시까지 학교에 등교해서, 50분 공부하고 10분 휴식. 동물은 빛과 어둠의 길이를 기준으로 생활하지. 배고플 때 먹고, 졸릴 때 자고, 놀고 싶을 때 놀고. 계절이 바뀌는 환절기가 되면 우리는 사람을 얽매고 있는 시간과 싸우느라 쉽게 지치는 것 같더라. 그래서 감기도 걸리고, 몸도 약해지고, 잠도 많이 오고, 식욕도 솟구치고. 몸이 변화에 버티느라 그런 게 아닐까.

시간은 사람이 정한 기준이고 약속이라, 우리 몸에 잘 맞지 않을 때가 많아. 자유롭게 살 수 있다면, 나도 너도 강아지나 고양이처럼 해가 뜨고 지는 흐름에 따라, 지구가 태양과 가까워졌다가 멀어지는 움직임에 따라 생활할 수 있을 텐데. 아쉽다.

사람은 혼자 힘으로 해낼 수 있는 일이 정말 얼마 안 돼. 갓 태어난 아기가 얼마나 자라야 혼자서 숟가락을 쥐고 밥을 먹을 수 있을까. 적어도 세 살은 돼야 혼자 아장아장 걷기도 하고, 숟가락으로 밥을 퍼서 '앙!' 하고 작은 입에 욱여넣을 수 있게 돼. 그전까지는 '응가 제조 생물'에 불과하고. 동물은 그렇지 않지. 강아지, 송아지, 기린, 코끼리. 아주 짧은 시간만 엄마 품에서 지내면 곧 혼자 스스로 먹고 뛰놀 수 있잖아.

우리는 각자 다른 사람이라 다행이야. 혼자서는 할 수 있는 게 몇 없는데, 내가 잘 못하는 건 네가 잘하니까 정말 다행이지 않니? 이건 나이나 성별, 민족과 전혀 무관하다고 생각해. 내가 너보다 나이는 많지만 너보다 못하는 게 분명히 있거든.

혼자 살 수 없는 우리는, 어쩔 수 없이 동물과 다른 존재로 사람답게 살아야 하지 않을까. 사람을 한자어로 인간이라고 하지? 인간(人間)을 한자 뜻 그대로 풀면, '사람과 사람 사이'란 의미야. 사람은 혼자 살아갈 능력이 없어서 반드시 '사람과 사람 사이'에서 살아야 하거든. 서로가 서로의 지지대가 되어서 말이야. '人' 이런 모습으로.

계절이 바뀔 때가 되면 늘 몸과 마음이 힘들더라. 몸은 여전히 동물처럼 살아가고 싶은데, 우리는 어쩔 수 없는 '사람 사이에 사는 사람'이라 시간을 지켜야 하니까. 함께 대화하고, 각자 잘하고 못하는 것을 이해하고 채워주기 위해 만나야 하니까. 조금 더 일찍 자면 아침에 일어나는 게 덜 괴롭지 않을까?

덧말.

지난주 강원도 봉평에 다녀왔다. 효석 문화제였다. 일기예보는 비가 온다고 했다. 그 덕분에 사람이 많지 않았다. 축제를 준비한 측에서는 다소 아쉬울 수 있었겠지만, '학생들과 함께 간 교사의 입장'에서는 마음이 놓였다. 새벽에 내린 비가 구름을 야위게 했고, 하늘은 '여기가 가을'임을 파랗게 증명했다.

한 주가 지났다. 너는 수업 시간에 몸을 뒤틀었고, 환절기 탓에 앓기 시작한다. 감기에 걸리고, 늦잠을 자고, 눈병에 걸린다. 환경에 적응하느라 몸살을 겪는다. 각자 적응하느라 앓는다. 네가 앓는 소리를 듣는 나도 앓는다, 속으로. 겉으로 표를 내면, 모두 무너질 것 같아서 다잡고 다잡는다. 나도 요즘 들어 아침잠이 무척 늘었다.

너 내 동료가 돼라

혹시 '루피'를 아니? 오다 에이치로라는 일본 만화가가 1997년부터 21년째 연재하고 있는 만화의 주인공이야. (내가 고등학생일 때도 봤는데, 아직도 끝이 안 난 만화!) 몸이 고무처럼 마음대로 늘어나는 '고무고무열매'를 먹고, 위대한 해적의 유산인 '원피스'를 찾아서 '해적왕'이 되겠다고 외치고 다니는 캐릭터야.

해적, 해군에게 수영은 생존의 기본일 거야. 바다 위에서 생활하고 전투하는 사람들은 물에 빠질 위험은 늘 있으니까. 그런데 만화 『원피스』의 주인공 루피를 비롯해서, '악마의 열매'를 먹은 능력자들은 '물에 뜨지 못'하게 된다는 설정이 있어. 어떤 사람들은 물에 뜨지 못한다는 두려움 때문에 '열매' 먹는 걸 두려워하고, 어떤 사람들은 초능력에 눈이 멀어서 앞뒤 가리지 않고 '열매'를 먹었다가 물에 빠져죽기도 해.

나는 '악마의 열매'가 이렇게 읽히더라. 특별한 능력을 갖추거나, 독특한 존재가 되기 위해서는 '당연한 것'을 포기하고 희생할 수 있어야 한다고. 해적이 물에 뜨지 못한다는 것은 늘 죽음이 눈앞에 보인다는 의미잖아. '원피스'의 주인공 루피는 그 위협과 불안을 어떻게 이겨냈을까. 루피의 이 대사가 한때 유행이었어.

"너 내 동료가 돼라."

루피와 동료가 처음 만났을 때에는 오해하고 싸워. 아니면 공동의 적이 나타나지. 다투다가 서로의 마음을 알게 되고, 공동의 어려움을 이겨내다가 통하는 걸 느끼게 돼. 싸움 뒤에 서로의 존재를 인정하고 화해하는 용기를 내는 거지. 그렇게 한번 믿으면, '내가 물에 빠져도 구해줄 친구'가 되어 죽음으로부터 지켜주는 동료가 되더라. 포기하고 희생한 것은 내 곁의 친구, 동료가 채워줄 수 있어. 진심으로 의지할 수 있는 진짜 친구를 사귀었으면 좋겠다. 그리고 네가 먼저 그런 사람이 되었으면 좋겠고.

진짜 믿을 수 있는 사람이 되려면, 그 사람의 본성을 봐야 해. 본성은 맞서 싸울 때나 같은 어려움을 겪을 때 드러나는 태도에서 볼 수 있어. 태도는 말과 행동으로 드러나거든. 친구끼리 여행을 하거나, 조별 과제를 하게 되는 경우가 그래. 여행지에서 길을 잃거나 먹을 음식이나 가볼 장소를 정할 때, 조별 과제에서 역할을 나누고 종합할 때 사람마다 갖고 있는 본성이 나타나. 몸과 마음이 힘들면 겉치레가 깨지거든.

루피가 적들과 다투고 동료가 될 수 있었던 이유는 뭘까. 나는 서로가 몰랐던 사연을 알게 되고, 이해하고 공감하게 됐기 때문이라고 생각해. 다른 사람의 사정과 마음은 가만히 있다고 알 수 있는 게 아니거든. 알려고 애쓰면서 듣고 관찰해야 겨우 알게 돼. 사람마다 처지가 다르다는 걸 이해하고, 생각하며 듣고 말하자. 네가 하는 말과 행동이 너의 진심, 본성을 드러내는 창문이 되거든. 추석 연휴 잘 보내렴.

덧말.

가끔 너는 말을 친구들에게 '던진다'. 너만의 잘못이 아니다. 지금까지 말하기 전에 깊이 생각할 필요가 없던 것이다. 중고등학생이 되면 그때부터 말이 마음에 상처를 낸다는 걸 체감한다. 체감하고 생각하는 일은 개인차가 있어서 감수성이 예민할수록 빠르고 깊숙이 아픔을 느끼게 된다.

매년 가을이 되면 쌓였던 상처가 곪아 터진다. 9월이 되면 주고받은 말들이 상처였음을, 결국 너는 깨닫고 속으로 아파한다. 그리고 작은 몸짓, 사소한 말투가 날카로워져서 상처를 긁고 만다. 학교에 크고 작은 다툼이 계속 이어진다. 어떤 경우는 서로 몰랐던 것을 깨닫고 잘 풀리기도 하지만, 어떤 경우는 돌이킬 수 없는 치명상이 되기도 한다. 그저 무사히, 서로가 서로에게 큰 영향을 미치는 사람이라는 것을 느끼고 깨달았으면 좋겠다.

빵 먹고 싶다

추석은 잘 쉈니? 5일 동안의 연휴를 어떻게 보냈는지 궁금하다. 나는 연휴 내내 머리가 아파서 정말 '쉬기'만 했거든. 부모님과 친척들 만나는 시간도 최소화하고 집에서 눕거나 자거나, 좀 괜찮아지면 아내와 거실에서 볕을 쬐거나 하면서 이번 추석을 보냈어. 시간을 그렇게 보내고 났더니 이런저런 생각이 들더라.

　사람은 살아야 할 의미가 분명하다면, 어떤 고난도 견뎌
낸다.

- 니체

얼마 전, 잡지에서 읽은 문장이야. 추석 당일이 지나고 아내와 집에서만 지냈거든. 딱 하루, 오전에 외출한 일이 있어. 그날도 머리가 너무 아픈 오전이었는데, 화장실이 너무 급해서 겨우 일어났지. 어슬렁거리며 밀어내야 할 것을 밀어내고 다시 침대에 누웠는데 소리가 크게 들리더라. '꼬르륵~'

'맛있는 빵이 먹고 싶다', 하고 생각하던 차에 옆에 누워 있던 아내가 말했어.

"빵 먹고 싶다."

그 말을 듣고, 나는 이렇게 말했지.

"나도."

그런데 문제가 있었어. 우리 집에서 맛있는 빵을 사오려면 차로 운전해서 15분 이상은 가야 하거든. 머리가 너무 아픈데 빵은 먹고 싶은 거지. 신기한 일이 내게 일어났어. '빵 먹고 싶다'는 생각이 드니까 몸이 움직이는 거야.

머리가 어떻게 아팠냐면, 왼쪽 뇌를 누군가가 스위스 주머니칼로 쑥-찔렀다가 스-윽 빼내는 듯한 통증이었어. 그렇게 슴벅슴벅 통증이 올 때마다 미간을 찌푸리며 샤워를 마쳤고, 헐렁한 옷을 입은 뒤에 바로 주차장으로 내려갔지. 그날따라 신호등은 다 걸리더라. 25분은 걸린 것 같아. 머리는 시큰거렸지만 눈과 코는 즐거웠어. 이런저런 빵을 담고 포장해서 다시 집으로 돌아왔더니 1시간이 사라졌고.

거대하고 숭고한 이야기는 마음에 좀처럼 와 닿지 않더라. 우리가 살아야 할 의미, 최선을 다해야 하는 이유는 단순한 것일지도 모르겠어. 잡지에서 니체의 철학적인 문장을 읽으면서 머릿속에 떠올린 것도 빵을 사기 위해 애쓴 그날 오전의 내 모습이었거든. 본능적인 것일 수도 있고. 당장 맛있는 빵을 먹기 위해서, 또는 화장실에 가고 싶어서 고통을 이겨내는 것도 그 순간 살아가는 이유가 될 것 같아.

무엇을 하든 내가 바라는 것을 인식하고 있는 게 중요하지 않을까? 내가 뭘 원하고 있는지 알고 있다면, 그것을 위해 하는 모든 행동들은 의미와 가치가 생겨나게 돼. 지금 네가 시험공부와 학교생활에 고통 받고 있다면, 곰곰이 생각해보렴. 네가 원하는 것을 알지 못하기 때문은 아닌지. 맛있는 빵처럼, 작은 것이라도 원하는 것을 분명히 해보자.

낱말의 온도

낱말의 온도는 달력처럼 흐른다. '후텁지근'은 저물었고, '선선하다'는 시간대를 옮겨 왔다. 달력 뒷장, 한참 뒤에나 나타날 줄 알았던 '쌀쌀하다'가 어제 내린 비를 타고 왔다. 이윽고 새벽 무렵에는 땅에서 떠올랐다. 태양은 멀어지고 있다. 딱 그 거리감만큼 '쌀쌀'이란 단어가 공기를 촘촘히 채웠다. 그 탓에 어제 아침을 지배했던 '선선하다'는 오전 11시 즘으로 밀려났고, 공기의 질감이 달라졌다.

공기의 감촉이 달라지면 많은 것이 변한다. 빛은 더 또렷해지고, 소리는 더 멀리 뻗는다. 구름은 가볍게, 더 가벼워지고 핸드폰 카메라조차 감수성이 붙는 시간. 그 녀석, 가을이 돌아왔다. 퇴근길 하늘이 특별했다. 아기 오리 가슴털이 얇게 펼쳐진 하늘. 앞창에 선팅을 잘못했다. 이런 하늘에 '루마'라니.

같은 자리, 같은 양의 빛과 물을 먹어도 감수성은 이파리 하나마다 다르다. 운동장 한편에 기웃, 서있는 나무에도 민감한 녀석들이 있다. 다른 그림자에 가려도, 강렬한 햇볕을 받아도 가을의 낌새를 먼저 알아차리는 이파리가 있었다. 학생도 그렇다. 교사도 그렇다. 같은 자리, 같은 곳에 앉아서 대화를 나누고 책을 읽어도 민감한 사람들이 있다. 서툰 몸짓과 어두운 표정을 짓는 사람이 이제는 더 잘 보인다. 공기의 감촉이 달라져서 유독 더 그럴 것이다.

감수성이 예민하고, 변화를 빨리 알아채는 존재가 빨리 저문다. 다른 이파리보다 먼저 붉게 물든 녀석들이 먼저 뛰어내릴 것이고, 다른 사람들보다 먼저 그늘을 읽는 사람의 몸과 마음이 분주해질 것이다. 그리하여 좀 더 일찍 썩고, 땅 속에 스며서 뿌리에 가장 가깝게 닿을 것이고, 좀 더 일찍 사람의 마음에 다가가 가장 큰 위로와 거름이 될 것이므로, 슬퍼하지 말자.

인간답게 산다는 건 뭘까

이번 주 내내 마음이 넉넉했어. 단군 할아버지가 하늘을 열었던 개천절. 평일 5일 중 가운데 수요일을 쉬었더니 일주일이 여유롭더라. 오늘 아침 내내 매주 '이틀 일하고 쉬고, 이틀 일하면 참 좋겠다'는 생각을 하면서 출근했지. 10월 3일, 늦잠도 자고 아내와 함께 집에서 영화도 보고, 책도 읽으며 별로 특별하지 않은 하루를 보냈어.

10월 4일 아침에 출근해서 1, 2교시 수업을 하고 교무실에 앉았지. 일상적인 오전이었는데, 인터넷으로 뉴스를 보다가 마음이 무너졌어. 익숙한 이름이 뉴스에 났거든.

'허수경 시인 타계. 독일 뮌스터에서 수목장.'

아마 너는 잘 모를 이름일지도 몰라. 나는 고등학생 때 그분의 시집을 처음 읽었거든. 참 대단한 사람이다, 하며 시를 읽었어.

어제 무슨 기분이었냐면, 이런 상황과 비슷할 거야. 상상해보렴. 네가 좋아하는 아이돌이 갑자기 죽었다는 소식을 아주 평범한 오전에 뉴스에서 보게 된 거야. 그 심정과 비슷하지 않을까 싶어. 샤이니 종현이 죽었다는 소식을 들었을 때, '이건 뭔 소리인가' 했던 것처럼. 허수경 시인은 54세였어. 세상을 떠나기에 아직은 많이 이른 나이인데.

내가 책으로 알고 있던 작가, 시인들이 최근 몇 년 동안 세상을 많이 떠났어. 그런 소식을 접할 때마다 이런 생각이 들더라. 나는 잘 살고 있는 걸까? 나는 얼마나 더 살 수 있을까? 남아 있는 사람들은 나를 떠나보낸 뒤에 어떤 생각과 감정이 들까? 언젠가 죽는다는 것을 모두가 다 알지만 우리는 그 사실을 잊으며 지내. 그리스 철학자 세네카는 이렇게 말했어.

우리는 마치 영원히 살 것처럼 살면서, 언젠가 노쇠해진다는 생각은 해 본 적이 없고, 인생에서 이미 많은 시간이 흘러가 버린 것도 개의치 않는다. 우리는 써도 넘친다는 듯이 시간을 낭비하고 있다. 실은 우리가 어떤 사람이나 사물에 바친 그날의 생이 마지막 날인지도 모르는데 말이다. 우리는 인간답게 죽음을 두려워하면서도 불멸의 신처럼 욕망하고 산다.
- 세네카 「인생의 짧음에 관하여」

인간답게 산다는 건 뭘까. 인간다운 삶은 죽음을 인식하고 살아가는 게 아닐까. 내가 언젠가는 죽는다는 것. 그리고 그게 오늘일 수도 있다는 것. 오늘 해야 할 일과 하고 싶은 일을 충실하게 해내는 시간. 심장이 두근두근 뛰는 것처럼, 최선을 다하는 순간과 쉬는 시간의 균형을 맞추기 위해 애쓰는 일. 그리고 주변 사람들도 그렇게 살 수 있기를 바라는 마음. 그러면서도 곁에 있는 친구들과 농담을 나누며 함께 웃는 순간들. 이런 게 인간답게 살아가는 일이 아닐까. 하루의, 삶의 끝을 생각하지 않아도 되는 존재는 오직 신밖에 없거든.

너는 지금 신처럼 살고 있니, 인간답게 살고 있니?

시험의 쓸모

시험 보느라 애썼어. 네가 스스로 부끄럽지 않은 시간을 보냈다면 점수는 상관없어. 성적표는 네가 얼마나 많이 이해하고, 성숙했고, 어떤 방식으로 생각하는지, 어떤 방식으로 표현하는지를 알려주지 못해. 1학기에 내가 했던 말들 기억하지? 고작 숫자 따위가 어떻게 너를 대표할 수 있겠니.

그런데, 이런 생각을 해본 적 있니? 우리는 시험을 왜 보는 걸까? 시험 성적이 낮거나 높을 때, 우리는 왜 좌절하고 기뻐하는 걸까? 시험은 왜 잘 봐야 하는 걸까? 이런 생각을 해보는 게 나는 필요하다고 생각해. 고등학교 2학년 때 그런 고민을 했었는데, 세 가지 결론으로 정리되더라.

첫째, 선발을 위한 제도라는 확신. 학교가 학생의 성장만을 목표로 한다면, 굳이 다른 사람들과 엄격하고 공정하게 비교하는 시험이 필요했을까? 좋게 본다면 공정한 '관문'이겠지만, 삐딱한 시선으로 본다면 '지식수준'으로 인간을 재는 '자'의 역할만 할 뿐이지. 또래들 중에서 1mm라도 나은 사람을 선발하겠다는 목적을 가진 수단. '이 정도 실력이라면 우리 구성원으로 받아줄게'란 태도가 바탕이란 생각이 들었어.

둘째, 12년에 걸친 길들이기 작업이라는 의심. 등교시간 9시, 수업 50분, 쉬는 시간 10분, 점심시간, 그리고 정답이 하나인 선택형 시험 문제. 학교의 모든 제도들은 우리를 사회구성원으로 길들이는 장치가 아닐까? 우리 몸은 시간과 다를 때가 더 많아. 아침 일찍 일어나기는 힘들고, 컨디션도 매일 달라. 그런데 우리는 학교에서 정해준 시간에 따라 공부하고, 쉬고, 밥을 먹어야 해.

게다가 시험은 세상의 모든 문제에 '이미 정해진 정답'이 딱 하나 있다는 편견을 우리에게 심는 것일지도 몰라. 그리고 그 문제를 맞히면, 마치 내가 친구들보다 대단한 사람 같은 느낌이 들면서 뿌듯했던 것 같고. 틀리면 내가 부정당하는 느낌이 들면서 좌절감과 수치심을 느끼게 만드는 거지. 미안하지만, 요즘 너를 보면서 그런 생각을 했어.

셋째, 기억과 연결, 학습 전략을 기르는 진짜 학습. 시험을 보는 이유 가운데 가장 쓸모 있고 긍정적인 것은 아무리 생각해도 딱 하나더라. 스스로 찾아서 읽고, 이해하고, 요약해서 학습하는 시간을 갖는 거의 유일한 기회라는 점. 수업을 듣는 건 학습이 아니었어. 잘 듣고 이해한 것 같은데 수업이 끝나면 갑자기 다 까먹는 거야. 종만 치면 뭘 배웠는지 가물거리는 경험, 너도 해봤지? 시험이 아니라면, '진짜 공부'를 안 하게 되더라. 이미 그렇게 길들여져 버렸으니까.

나는 그래서 지필평가를 좋아하지 않아. 지식을 이해하고 표현하는 방법은 사람마다 잘할 수 있는 게 다르니까. 어떤 친구는 말로 설명하는 걸 어려워하지만, 몸으로 보여주거나 시범 보이는 건 잘할 수 있거든. 정답도 하나가 아니고, 세상의 진짜 문제는 복잡하게 얽혀 있어서 이미 정해진 답도 없어.

나는 네가 정답을 고르는 능력보다, 낌새를 차리고 질문하면서 숨어 있는 문제를 발견하는 능력을 길렀으면 좋겠어. 지금 우리의 문제는 문제를 정확히 모른다는 것 같거든. 문제를 모르니, 제대로 된 질문을 할 수도 없겠지. 문제만 제대로 찾아내면, 답은 함께 대화하며 찾을 수 있어. 시험의 진짜 쓸모, 진짜 공부를 해보자.

덧말.

2학기 첫 시험이 끝났다. 월요일에는 학교 교직원 워크숍으로 포천에 있는 산정호수에 다녀왔다. 나무가 뱉는 숨결이 상쾌해서 자꾸만 눈길이 갔다. 너는 한두 문제를 더 맞거나, 틀리며 매일 표정이 바뀌었다. 목소리의 높낮이도 달라졌다. 부끄러워하거나, 무시하거나, 뻐기거나 하는 모습을 보며 걱정스러웠다. 문제는 그저 공부의 수준을 점검하는 수단이란 걸 알았으면 좋겠다. 사람의 가치를 평가하는 기준이 아니라는 것을 알았으면 좋겠다.

정답을 찾는 능력보다, 예민한 감수성으로 질문하고, 우리 곁에 숨어 있는 문제를 명료한 표현으로 드러내는 능력을 귀하게 여겼으면 좋겠다.

독버섯이 가진 자기의 이유

갑자기 추워진 탓인지, 감기 걸린 사람이 많은 것 같다. 결석, 지각, 조퇴가 많아서 걱정이 되더라. 그래서 내 코에도 뾰루지가 빨갛게(감기 경고!) 돋았던 걸까. 지난 월요일 저녁에 퇴근하고 저녁을 먹으면서 아내와 대화를 나눴어. 아내가 스마트폰으로 기사를 검색하다가 이야기 한 편을 찾아서 보여주더라. 신영복 선생님의 『담론』이란 책에 나오는 '독버섯' 이야기야. 네덜란드의 동화작가인 반 에덴의 동화 『어린 요한』 중에 실린 건데, 대략 내용을 정리하면 이래.

등산을 하던 아버지와 아들이 있었습니다. 아버지가 등산용 스틱으로 버섯을 툭툭 치면서 이렇게 말했습니다. "잘 봐, 이게 독버섯이야. 먹으면 죽어." 아들은 "아, 이게 독버섯이구나!" 하고 지나갔습니다. 그 얘기를 들은 어린 독버섯이 충격을 받고 쓰러지면서 말했습니다. "아, 내가 독버섯이구나. 난 누군가를 죽이는 존재구나. 내가 저렇게 예쁜 애를 죽일 수 있는 존재라니!" 어린 독버섯이 슬퍼할 때 곁에 있던 다른 독버섯이 친구의 어깨를 받치며 이야기했습니다. "아니, 저건 식탁 위의 이야기이고, 인간의 논리야. 넌 내 친구야. 넌 쟤네 먹으라고 태어난 게 아니고 나랑 친구하려고 태어난 거야."

우리는 악의 하나 없이, 얼마나 많은 사람들에게 상처를 주며 살고 있을까? 무심코 우리의, 나만의 시각에서 우리끼리 주고받는 말은 주변 사람들에게 얼마나 날카로운 가시가 되었을까? 그런데 이 동화는 또 다른 생각을 하게 해. 나는 독버섯 친구가 건넨 말이 가장 큰 위로가 되더라. '나랑 친구하려고 태어난 거야'라는 말을 듣고, 잃어버렸던 '나의 기준', '자존감'을 되찾는 기분이 들지 않았을까?

신영복 선생님은 저 짧은 동화와 함께 자유에 대해 이야기를 이렇게 써놓았어.

'독버섯'은 사람들의 '식탁의 논리'입니다. 버섯을 식용으로 하는 사람들의 논리입니다. 버섯은 모름지기 '버섯의 이유'로 판단해야 합니다. '자기의 이유', 이것은 우리가 지켜야 할 '자부심'이기도 합니다. '자기의 이유'를 가지고 있는 한 아무리

멀고 힘든 여정이라 하더라도 결코 좌절하지 않습니다. '자기自己의 이유理由'를 줄이면 '자유自由'가 되기 때문입니다.

— 신영복 『담론』, p.426, 돌베개

나는 네가 또렷한 자기의 이유를 갖고 살아가는 사람이 되었으면 좋겠다. 너의 행동과 말에 '자기의 이유'가 또렷하다면 다른 사람들의 비난에 절대 흔들리거나 상처받지 않거든. 지필평가나 수행평가는 바깥의 기준이야.

너 자신의 논리가 분명하지 않다면 너는 무참하게 상처받겠지만, 네 기준이 또렷하고 너의 삶과 존재에 자신감이 있다면 당당해도 돼. 좌절하지 않으면 언젠가는 목표를 이뤄서 자유로워질 테니까. 시험 점수에 좌절하지 말렴. 너의 논리를 차곡차곡 쌓았으면 좋겠다.

느닷없이 성적표가 나와서

이번 주 화요일에 느닷없이 성적표가 나와서 좀 놀랐지? 우리 반 전체의 성적은 1학기보다 많이 좋아져서 즐겁더라. 함께 노력하는 모습이 보기 좋았어. 그리고 성적이 좋지 않다고 낙담하지 않고, 못하겠다고 포기하는 사람도 없어서 나는 너희가 정말 좋아. 영어와 수학 기초반 수강 신청도 많이 해서 기특하고. '우리 반 아이들은 잘해보려고 애쓰는 아이들'이라고 다른 선생님들께 증명한 기분이 들었어.

교실에 들어갈 때마다 1학기와는 다른 느낌이 들더라. 그새 또 자랐구나, 싶었어. 그래서 오늘은 현실을 잘 살아내기 위한 잔소리를 해주고 싶어. 이제 이런 이야기를 해도, 진지하게 받아들여줄 것 같았거든.

첫째, 적성은 타고나는 게 아니야. '난 소질이 없어요', '적성에

안 맞아요'와 같은 말을 하는 사람은 무슨 근거로 그렇게 말을 할까? 나는 이렇게 생각해. 지금까지 시험을 치르며 쌓인 경험이 치명타였을 것 같아. 성적표에 찍힌 낮은 숫자를 보면서 '스스로 낙인'을 찍은 것 아닐까? 때로는 몸이 좋지 않아서, 때로는 너무 피곤해서 놓쳐버린 시간이 고스란히 그 과목, 지식의 '구멍'이 된 채로 지나쳐버린 게 아닐까? 몇 년을 그렇게 보내면서, 친구와 비교하는 순간에 '원래 못하는 나'라는 이미지로 굳어버린 것은 아닐까?

적성은 네가 어느 분야에 얼마만큼의 시간을, 너의 삶을 쏟았느냐에 따라 계발되는 거야. 처음부터 전문가처럼 잘할 수 있는 사람은 없어. 아직 희망하는 진로를 찾지 못한 사람일수록 다양한 과목을 더 열심히 해보렴. 모든 분야를 두드려 봐야지만, 어떤 과목이 흥미롭고 무슨 일이 나에게 맞는지 알게 되는 거야. 막연하게 '좋아 보이는 직업'은 너에게 아무것도 알려주지 않아.

둘째, 지금은 '나의 상황'을 돌아봐야 할 때야. 1학년 마지막 시험은 이제 6주 정도 남았어. 그 시험이 끝나면, 네가 보낸 고등학교 1년의 모든 것은 '너의 역사'로 남게 돼. 진로를 대략 결정한 사람은 가고 싶은 대학, 또는 직업의 세계가 어떤 선발 과정을 겪게 되는지 찾아보렴. '어떻게든 되겠지'와 같이 생각한다면, 네가 원하는 어떤 자리에도 갈 수 없어. 물론, 원하는 곳으로 가지 않아도 잘 적응하며, 행복하게 살 수 있다고 네가 말한다면 내 마음도 조금 놓이긴 하겠지만.

네가 보내는 한 시간, 하루가 차곡차곡 쌓여서 너를 이루게 돼.

어떤 사람이 20대에 어떤 모습으로, 어디에 있다는 것은 지금까지 살아낸 10대의 시간이 만든 결과인 거야. 하루를 허투루 보내면, 우리 삶의 한 모퉁이도 허투루 만들어지게 돼. 이번 주에 네가 살아온 일주일을 돌아보렴. 3월부터 지금까지 너는 어떤 시간을 쌓았을까.

목소리 연습

나는 학교에서 일하는 게 좋아. 사회의 어느 직장이 이렇게 활기찰 수 있을까. 내 생각에는 어디에도 없을 것 같아. 백 명이 넘는 학생을 매일 만나고, 대화 나누고, 관계를 맺으며 매일 조금씩 나아지는 모습을 볼 수 있는 거의 유일한 장소가 학교이니까. 지금은 너의 '직업'이 '학생'이라 아침 일찍 일어나서 오는 게 귀찮고 힘들어서 못 느끼겠지만.

자기의 목소리를 낼 줄 아는 학생이 건강하고 보기 좋더라. 논리는 조금 부족해도 자기 생각을 당당하게 내는 사람은 계속 발전할 수 있거든. 사람은 말과 글, 행동으로 자기 생각을 드러내야만, 알고 있는 것과 모르는 것이 무엇인지 스스로 깨닫게 돼. 학교에 있는 동안에는 어떤 실수도 괜찮아. 알면 아는 대로, 모르면 모르는 대로 생각을 당당하게 말하는 사람이 되었으면 좋겠어.

요즘에 자주 듣는 팟캐스트가 있어. 「책 이게 뭐라고」라는 제목의 프로그램인데, 제주도에서 서점을 운영하고 있는 가수 요조와 『댓글부대』를 쓴 소설가 장강명, 두 사람이 함께 진행하는 팟캐스트야. 책을 소개하고, 작가와 함께 이야기를 나누면서 좋은 구절에 대해 대화를 나누는 게 재밌더라. 이번 주에 들은 내용이 참 좋았어. '보이는 대로 볼 때 보이는 것'이라는 주제로 쓴 글이었어.

> 같은 교통사고를 목격하더라도 목격한 사람에 따라 내용이 달라진다. 전문가도 아니면서 사회의 숨은 뜻을 알아내려는 사람이 많은 사회는 꽤 피곤하다. 그보다 더 피곤한 건, 그것이 정의라고 믿는 사람들의 목소리가 크게 들리는 사회다. 한 평론가가 연예인, 재벌, 정치인에 대해 분석한다. 무속인이 아니라면 불가능한 일이다. 이게 가능한 이유는 진실은 보이지 않는 것이라고 믿기 때문이다. 보이지 않으니까 마음대로 말하고, 어떤 것이나 말해도 되니까, 가능하면 목소리가 커야 더 믿음직해 보인다. 외국에서는 그런 해석, 목소리가 별로 들리지 않는다.
>
> – 김연수 『언젠가, 아마도』 중에서

글의 대략적인 내용은 이랬어. 들은 내용을 추려서 정리한 내용이라 조금 다를 수도 있겠지만. 소설가 김연수는 우리 사회의 문제점 두 가지를 지적하고 있었어. 하나는 우리 주변에 발생하는 모든 일은 하나의 관점으로 해석될 수 없다는 것. 너와 내가 한 자리에 겹쳐서 서 있을 수 없듯, 각자 처한 상황에 따라서 보는 시각이 달라지고 해석과 내용이 달라지게 돼. 김연수 작가는 다른 사람의 일에 대해 함부로 해석하거나, 단정 짓는 것의 위험을 말하고 있었어.

또 다른 하나는 음모론을 믿는 사람들의 위험이랄까. '진실은 숨어 있다'고 믿는 사람들이 신중하게 분석하지 않고, 목소리가 큰 사람에게 이끌려서 믿어버리는 것을 지적하고 있는 것 같아.

나는 사람들마다 다른 목소리를 존중해야 한다고 생각해. 그리고 다른 사람들로부터 존중받고, 존중하기 위해서 우리는 각자 자기 목소리를 찾아야 할 거야. 근거 없이 목소리를 높이는 사람이 아니라, 차분하게 이야기하는 사람이 신뢰받는 사회가 되어야 하지 않을까? 우리는 학교에서 그 두 가지 연습을 하고 있는 중일 거야. 각자 자기 목소리를 가다듬고 말해보자. 아-아-.

작은 걸림돌

어느 날 갑자기 말을 못 하게 된 사람이 더 불편할까, 아니면 그 사람과 함께 지내는 사람이 더 불편할까. 나는 곁에 있는 사람들이 그 사람과 소통할 수 없어서 더 불편하지 않을까 생각했었어. 그런데 내가 후두염으로 목소리를 잃고 난 뒤에 관찰을 해보니까, 정말 불편한 건 목소리를 잃은 사람이더라. 안타깝게 생각해주는 모습이 고맙긴 하지만, 말을 하지 못하니까 내가 너무 불편했어.

사람은 언제든 달라질 수 있는 신기한 존재야. 스크루지가 크리스마스이브에 단 하룻밤 여행을 한 뒤에 너그럽게 베풀 줄 아는 사람이 되기도 하고, 『삼국지』의 오나라 장군 여몽처럼, 겨우 이름만 쓸 줄 알던 사람이 동료 선비들에게 자극을 받아서 어느 날 갑자기 대단한 지식인이 되어 나타나기도 하거든. 오늘 오전에 수학 기초반을 가르치시는 선생님께 감사 인사를 받았어. 성실하고 열심히 공부하려는 마음이 있는 아이들을 보내줘서 고맙다고. 나도 진심으로, 열심히 노력한 너에게 고마워.

나는 「알쓸신잡3」를 매주 챙겨 보고 있어. 작가, 소설가, 건축가, 과학자, 그리고 음악가 다섯 사람이 여행하고, 수다를 떠는 프로그램이야. 이번에는 그리스, 이탈리아, 독일의 여러 도시를 여행하는데, 역사와 문화, 예술, 과학, 건축에 대한 이야기를 다양하게 나누는 수다가 재밌더라. 그중에 마음이 끌리는 이야기가 둘 있었어.

독일의 작은 도시 프라이부르크의 도로는 작은 돌을 깎아서 포장을 했는데, 상점 입구 바닥에 그 가게의 대표 상품을 모자이크로 표현해뒀더라. 바닥만 보면 '아이스크림 가게', '피자 가게'란 것을 바로 알 수 있게. 소란스럽지 않지만, 유쾌하게 웃을 수 있는 경험은 이렇게 작은 차이에서 만들어낼 수 있는 것 같다는 생각이 들었어.

정말 인상 깊은 물건은 프라이부르크 길바닥에 있었어. 도로를 포장한 작은 돌들 사이에 황동으로 다른 블록보다 약간 높게 만든 게 있더라. 그 블록의 이름은 '슈톨퍼슈타인(Stolperstein)'이래. 독일어로 '걸림돌'이란 의미이고. 사람들이 별다른 생각 없이 거리를 걷다 보면, 약간 튀어나온 걸림돌에 발이 걸리겠지. 그럼 자연스럽게 '뭐지?' 하고 내려다볼 거야. 그 걸림돌은 제2차 세계대전 때, 유태인이 그 자리에서 나치 독일군에게 체포되어 끌려간 자리였대. '그 사람이 그 자리에 서 있었고, 나치에게 희생되었다'는 흔적인 거지.

　요즘 나는 목소리를 잃은 것과 수능시험 고사장 준비가 일종의 걸림돌이라고 생각해. 누가 더 불편한지, 말을 할 수 있다는 능력이 얼마나 대단한 것인지 다시 깨닫고 있거든. 그리고 수능시험 준비를 위해 대청소를 하면서, 사물함 정리를 하면서 누가 어떤 마음을 갖고 생활하는지 다시 돌아보게 되더라.

　사람은 작은 계기로 아주 많이 달라질 수가 있어. 요즘 너에게 걸림돌이 되는 게 뭐였니? 가을이 가기 전에 한 번쯤 네 마음속의 걸림돌을 떠올리며 스스로 돌아봤으면 좋겠다. 목소리 잃지 않게 조심하고.

집중력 배터리와 메모

아침부터 화를 낸 게, 하루 종일 마음이 불편하다. 미안해. 내 마음이 좋지 않았던 이유는 수요일, 목요일 내내 뭔가를 하려면 무엇이든 할 수 있었을 시간이 있었는데, 오늘 제출해야 하는 수행평가를 아침에 와서야 하고 있는 모습이 실망스러웠어. 교실을 원래 상태로 돌리자고 하는 말에 움직이는 사람도 없고, 내가 개별적으로 부탁하면 그제야 움직이는 모습에 마음이 상했어. 갑자기 분풀이해서 진심으로 미안해.

사람의 집중력은 한계가 있어. 음악을 들으면서 하는 공부가 잘된다고 생각하는 사람이 많지? 그런데 이런 경험을 하지 않았니? 좋아하는 일에 빠져 있으면, 시간이 얼마나 흘렀는지도 모르고, 옆에서 부모님이 너를 불러도 아무런 소리가 들리지 않았던 경험. 사람의 집중력은 2년 정도 쓴 스마트폰 배터리 같아서 쭉

쭉 떨어져. 사람이 일을 제대로 한다는 건, 한 번에 하나씩 해낼 때만 가능해.

아침마다 등교해서 스마트폰으로 게임을 하거나, 머리를 매만지고 있는 모습을 볼 때마다 나는 마음이 무거워. 게임 자체가 나쁜 것은 아니야. 외모를 가꾸는 것 자체는 좋은 것이고. 그런데 문제는 우리가 가진 집중력 배터리에 한계가 있다는 점이거든. 하루에 쓸 수 있는 마음의 힘—신경 쓰기—은 용돈과 같아서, 어느 한쪽에 다 써버리면 다른 부분은 '깜빡'하게 되고 말아. 지금 너는 마음을 어떻게 쓰고 있니? 중요한 일을 깜빡하는 경우가 많았다면, 사소한 일을 하는 데에 쓰는 시간을 조절해야 해.

중요한 일이 많아서 힘들다는 사람도 있겠다. 그 친구들은 칭찬하고 싶어. 스스로 중요한 일과 그렇지 않은 일을 구분할 수 있는 사람은 대단한 능력이 있는 거야. 중요함을 판단하는 능력은 시간과 자신의 능력을 가늠할 줄 안다는 말이고, 정확하거나 여유롭게 일을 마치기 위해서 일의 순서를 정리할 줄 안다는 이야기거든.

사람은 완벽하지 않아서 늘 점검하고 확인해야 해. 중요한 일이라면 더더욱. 나도 깜빡하는 일이 많아서, 스마트폰이나 노트에 메모를 해. 어딘가에 메모를 하는 것 자체가 일종의 '기억 이벤트'가 되어서 조금이라도 더 오랫동안 기억나거든. 내가 어떤 방식으로 메모하고 활용하는지 설명해줄게.

우선 마감 기한이 있는 과제가 있다면, 다이어리든 스마트폰 달력에 마감 날짜를 저장해. 그리고 1주 이내에 처리해야 하는 과제를 모두 연습장에 적는 거야. 그리고 급하게 처리해야 하는 순서대로 일정에 메모하는 거야. 그 뒤에 항목마다 앞에 '□'를 그려서 체크리스트처럼 만들고. 하나씩 해결할 때마다 기분 좋게 '✔'표시를 하지. 과제마다 '몇 시간을 하겠다'가 아니라, '이 과제를 마쳐야 오늘이 끝난다'처럼 '과제 단위'로 해결해야 뒤로 밀리지 않게 돼.

일을 해낼 때 성공과 실패는 스스로 관리할 줄 아는 능력에 달려 있어. 친구를 비롯해서 다른 모든 사람들이 믿을 수 있는 사람은, 자신의 일을 스스로 점검하고 제대로 해낼 수 있는 사람이니까.

불완전해서 가능성이 많은

지난 수요일에 있었던 연합평가는 잘 봤는지 모르겠다. '그냥 보는 시험'이 아니라, 마음을 담아서 보는 시험이 됐으면 좋겠어. 고등학교 생활을 1년 가까이 겪어 보니까 어떠니? 해야 할 일도 많고, 배워야 할 내용도 중학교 때보다는 훨씬 많아서 힘들지? 2차 지필평가, 축제를 치르고 나면 겨울방학이 올 거야. 조금만 더 힘내렴.

나는 이렇게 생각해. 사실 고등학교에서 배우는 내용은 '대학 입학'을 준비하는 목적으로 하는 공부가 아니야. 모든 사람들이 대학에 갈 필요는 없거든. 스무 살부터는 자신의 삶을 살아가야 해. 우리 사회에서 자신의 삶을 꾸리기 위해 갖춰야 할 상식과 기본 능력이 있어. 그 준비를 하는 곳이 바로 고등학교일 거야. 그래서 학교에서 배우는 모든 과목을 꼼꼼히 배우고, 할 수 있게 되면 사회 어디에 가더라도 금세 자신의 몫을 해내는 사람이 될 수 있어. 모의고사나 수능시험에서는 지금까지 배운 내용을 활용해서 사회의 모습을 해석해낼 수 있는 능력을 평가하려는 의도로 문제를 내게 돼.

네가 풀었던 시험지를 가져다가 풀면서 고개를 끄덕이게 만드는 문제를 봤어. 통합사회 12번 문제의 제시문이었는데 너도 기억날 거야. 이런 내용이었어.

> 노인과 청년만이 무인도에 남게 되었다. 청년은 노인보다 식량을 구하는 데는 3배, 물을 구하는 데는 2배 뛰어나다. 청년은 노인보다 식량과 물을 구하는 데 우위에 있기 때문에 청년 혼자서 두 가지 모두를 구하는 것이 생존에 유리해 보인다. 하지만 청년과 노인이 상대적으로 우위에 있는 부분을 전담하여 서로 교환하는 것이 둘 모두의 생존을 유리하게 한다. 이러한 원리를 두 나라 간의 무역에 적용하면 무역에 참여한 두 나라 모두가 이득을 보고, 절대열위에 있는 국가도 비교우위를 가질 수 있다는 점을 알 수 있다.
>
> — 2018학년도 11월 1학년 연합평가 통합사회 제시문

살다 보면 천재를 만나기도 해. 주변에 그런 친구들 있지 않니? 모든 과목에서 1등급이면서도 게임, 운동, 노래, 악기까지 잘하는데 봉사활동까지 하는 사람. 그런 천재를 보면서 우리는 박탈

감을 느낄 때도 있고, 우리와 관계없는 삶을 사는 사람이라고 생각할 수도 있어. 그런데 모든 인간은 공평한 하루를 살아가. 천재의 하루도 24시간, 나처럼 평범한 사람도 24시간이지. 모든 것을 잘하는 사람이더라도, 혼자서 모든 일을 해낼 시간까지 더 많은 것은 아니니까.

학교에서는 뭘 배우고 연습해야 할까?

국가대표 축구팀을 생각해 보자. 팀워크가 뛰어난 팀과 개인의 역량이 뛰어난 팀. 어느 팀이 더 강할까? 정답은 쉽게 찾을 수 있을 거야. 개인의 역량이 뛰어나면서도 팀워크가 갖춰진 팀이 최강이겠지. 아무리 협력을 잘하더라도 개개인의 실력이 부족하다면, 어떤 일이든 탁월한 수준까지 해내지는 못하지 않을까? 반대로 개인의 역량이 뛰어나더라도 서로 패스하지 않으면 골을 쉽게 넣지는 못하겠지.

세상은 롤플레잉 게임과 비슷해. 모든 직업이 서로의 일을 통해 다른 사람들을 돕도록 연결되어 있어. 끝판왕을 이기려면 탱커, 딜러, 힐러의 조합이 필수잖아. 체력이 좋은 탱커가 앞을 막고, 그 뒤에서 공격력 좋은 딜러가 때리는 거지. 맨 뒤에서 팀원의 체력을 채워주는 힐러도 필수고. 탱커에게 힐러가 필요하듯, 나처럼 평범한 사람도 천재를 도울 수 있어.

우리는 모두 존중받을 가치가 있는 사람이야. 아직 너는 불완전해. 그래서 가능성이 있는 거야. 지금은 각자의 역량을 기르는 레벨 향상의 시기인 거지. 친구들과 함께 지내면서, 자신의 장점을 파악하고 노력하는 시기. 사회인이 되었을 때, 그 역량을 바탕으로 좋은 팀을 이루기 위한 준비 기간일 거야.

배우기만 하고 생각하지 않으면

날도 쌀쌀해지고 올해도 거의 끝나가는 것 같다. 나만 그렇게 느끼는 게 아니라 너도 그렇게 느끼고 있지? 어제 국어 수업 시간에 진정되지 않는 모습을 보고 짧게 한 소리 했던 거 기억나니? 밑줄을 치고 책에 필기를 하는 것 자체로는 공부가 되지 않는다고, 생각을 해야 한다고 했던 말. 그 이야기를 좀 더 해줘야겠다 싶었어.

공자 할아버지가 했던 말씀 중에 이런 말이 있어.

배우기만 하고 생각하지 않으면 체계가 전혀 없고, 생각만 하고 배우지 않으면 곧 오류나 독단에 빠질 위험이 있다. (子曰: "學而不思則罔, 思而不學則殆." 『논어』 「爲政篇위정편」)

요즘 너를 볼 때마다 이 말이 생각나더라. 수학, 영어 문제를 풀어내는 연습은 '공부'가 아니라, '기술 연습'에 가까워. 축구 선수가 코너킥을 잘하기 위해서 여러 번 반복해서 공을 차는 것과 같거든. 기술 연습이 아닌 진짜 공부는 읽고 이해한 내용이 다른 것과 어떻게 연결될 수 있을지 상상해보는 것에서 시작되는 거야.

공부는 양면을 모두 돌아봐야 해. '나'를 기준으로 안쪽과 바깥으로 나눠 보자. 하나는 바깥의 지식을 내 몸 안쪽에 새겨두는 일이지. 이게 배워서 익히는 활동, '학습'이야. 학습할 때에는 핵심 개념이 무엇인가 판단할 줄 아는 힘이 필요해. 무엇이 중요한지 모르는 채, 무작정 다 외우려 하면 뒤죽박죽 혼란스럽고 막막해지다가, 결국엔 진이 다 빠져버리거든.

또 다른 하나는 내 안에서 생기는 궁금증에 집중하는 일이야. 바깥에서 들어온 개념과 지식을 그대로 새기기만 하면, 너의 삶과 지식은 아무런 인연을 맺지 못해. 새로운 상황을 마주했을 때 지금까지 알고 있는 개념들을 활용해서 해석하는 상상력이 필요한 거야. 그 일의 시작이 바로 '왜'라고 묻는 것이고. 질문을 해야 그 개념이 너의 삶과 연결된단다.

생각이 깊은 사람은 어떤 사람일까. 많은 책을 읽은 사람일까? 책을 아무리 많이 읽어도 책에 흠뻑 빠져서 읽지 않는다면, 생각이 깊어지지는 않아. 순간적으로 떠오르는 '감정과 느낌'만 스치는 거야. '멋지다, 슬프다, 아쉽다, 나라면 이랬겠다'와 같은 것은 '생각'이 아니거든.

감정과 느낌이 떠올랐다면, 한 번 더 물어보자.

'누가 왜 무슨 상황에서 어떤 행동을 했기에 이런 감정이 생겼을까. 그 상황은 무엇을 의미하는 걸까. 지금 내 상황과 닮은 것은 무엇일까.'

질문 한 번을 할 때마다 너의 생각도 한 걸음 더 깊어질 수 있어. 작은 걸음이라고 부끄러워하지 말고 내딛어 보자.

그럼 생각이 많은 사람이 생각도 깊을까? 아닐 거야. 그런 사람은 하나의 생각을 깊게 못할 가능성이 크거든. 수업 시간마다 나와 어떤 관련이 있는지 생각해보자. 자주 얘기해서 이미 알고 있겠지만, 사람은 한 번에 하나밖에 집중하지 못하거든. 급하고 중요한 것부터 하나씩 정리해보는 거야.

오늘 배운 내용은 네 머릿속 지식의 그물 어디쯤에 위치하면 좋을까? 그리고 오늘 떠오른 생각은 무엇을 읽고 참고하면 좋을까?

떨리는 게 정상이야

'자신만의 별을 찾기 위해 끝없이 흔들리는 스물여덟 개의 나침반 바늘.' 어제 종례시간에 진로 희망 내용을 정리해 나눠주면서 이런 생각이 들었어. 모두 별빛을 찾기 위해 흔들리고 있었구나―하고. 요즘 집에서 쉴 때 읽고 있는 책 내용이 자연스럽게 연결되더라. 윤태웅 교수가 쓴 『떨리는 게 정상이야』라는 책에 이런 내용이 있었어. 학교 앞 분식집에서 국수를 먹다가 벽에 붙어 있는 글귀를 읽고 쓴 글이었어.

"1. 앞만 보고 가자. 내 인생에 뒤란 없다. 2. 지금 자면 꿈을 꾸지만, 지금 공부하면 꿈을 이룬다. 3. 남처럼 해서는 남 이상 될 수 없다. 4. 공부는 시간이 부족한 게 아니라, 노력이 부족한 거다. 5. 고통이 없으면 얻는 것도 없다."

우리 학생들이 참 안쓰러웠습니다. (중략) 문제는 선의가 바로 좋은 결과로 이어지진 않는다는 데 있습니다. 심지어 상황이 더 힘들고 어려워지기도 합니다. 선의가 현실에 대한 잘못된 이해와 결합하면 그리될 수 있지요.

신영복 선생의 서화집에 나오는 지남철(나침반)의 비유를 떠올려봅니다. 제대로 작동하는 지남철은 바늘 끝이 늘 불안스럽습니다. 떨고 있기 때문입니다. 반면에 고장 난 지남철의 바늘 끝은 전혀 흔들리지 않습니다. 마치 어느 쪽이 남쪽인지 확실히 알고 있다는 듯 말입니다.

- 윤태웅 『떨리는 게 정상이야』 p.26

떨지 않고 고정된 나침반은 고장 났을 가능성이 커. 지구의 자전축은 기울어져 있고, 지구는 계속 돌고 있거든. 그것도 엄청 빨리. 지구의 적도 둘레가 대략 4만km이니까, 적도에서는 약 시속 1,600km 이상의 속도로 움직이는 거지. 그 위에 있는 나침반 바늘은 움직이면서 북극과 남극을 가리키기 위해 계속 흔들리며 찾아가는 거야.

어느새 12월이 됐고, 다음 주만 지나가면 1년 동안 힘들었던 모든 시험도 끝나게 돼. 시험 공부하느라 잠도 제대로 못 자고 카페인 음료를 마셔가며 버티는 모습을 보면서 걱정이 많이 됐어. 네가 느낄 때, 지금 당장은 괜찮다고 할 수도 있어. 그런데 우리가 하는 공부와 살아갈 삶은 굉장히 길어. 피로가 계속 쌓이면 언젠가 쓰러지게 마련이야.

짧은 시간에 쏟아넣는 공부는 고장 난 나침반 같을 때가 있어. 대체 이 공부는 왜 하고 있는지, 무엇을 위해 밤을 새우는지, 앞으로 어떻게 살아가야 좋을지. 너의 별을 찾기 위한 고민 없이 눈앞에 있는 시험공부만 한다면, 너는 그저 결승점에 도착하기 위해 달려가는 눈 먼 경주마와 같을 거야.

'워라밸'이란 말, 들어봤니? '일과 삶의 균형'이란 의미로 Work and Life Balance를 줄인 말이래. (문법적으로 옳은지는 모르겠다.) 균형을 이뤄야 지치지 않고 꾸준히 할 수 있어. 우리는 단거리 달리기 선수가 아니야. 경제와 사회가 발전할 때도 환경을 지키며 해야 하듯이, 우리도 공부와 삶의 균형을 지킬 때 지속가능할 거야.

올해, 이번 주까지만 그렇게 공부하자. 그 뒤에는 무엇이든 숨 쉬는 일처럼 해보렴. 습습-후후-. 공기를 채웠다가 빼기. 그래야 지치지 않아. 우리는 계속 흔들리게 마련이거든. 끊임없이 떨면서 자신의 방향을 찾는 나침반처럼 말이지. 확신보다 균형감 있는 사람이 된다면 좋겠다.

마음을 상상하는 데에 초점을

1년 동안 수고했어. 너는 올해의 모든 시험을 치러냈다(!!). 다른 말보다도 우선 '고생했다', '축하한다'는 말을 하고 싶어. 나는 매년 시험 기간마다 문제를 내면서 거부감이 들었어. '20~30개의 문제로 학생들의 무엇을 얼마나 평가하고, 측정할 수 있는 걸까' 하고. 매번 시험을 어떻게 더 잘 활용할 수 있을지 고민해.

시험공부를 할 때 혹시 이런 생각을 해본 적이 있니? 이 과목 선생님은 어떤 생각을 평소에 하고 있는지, 무엇을 중요하게 말했는지, 지난번에는 어떤 방식으로 문제를 냈었는지. 문제 풀이 연습을 할 때, '이 문제의 정답'이 뭘까에 초점을 두지 말고, 문제를 만드는 사람의 마음을 상상해보렴.

내 경우를 예로 들어줄게. 국어를 가르치는 입장에서는 이런 생각을 하며 문제를 만들어. 첫째, 수업 시간에 다룬 지식의 개념을 정확하게 이해하고, 그 개념을 바탕으로 글을 꼼꼼하고 정확하게 읽어내며 옳고 그름을 판단할 줄 아는 능력 측정하기. 많은 학생들이 이 부분에 걸려 넘어지는 때가 많더라. 답을 빠르게 찾는 데에만 마음이 바빠서, 글을 눈으로 쓸어버리듯이 빨리 읽다 보니 정말 중요한 내용을 의식하지 못한 채 넘어가게 되는 거지.

둘째, 장르를 넘나들 수 있는 사고력. 우리는 한 번에 하나씩만 집중할 수 있다고 여러 번 이야기했지? 종합적으로 사고할 수 있는 능력은 한순간에 생기지 않거든. 기초 체력이 있어야, 응용 동작이 가능한 것처럼. 학교에서 지식을 교과별로 나눠서 공부하는 건 사고력의 기본을 다지기 위해서야.

그런데 우리 삶은 한꺼번에 모든 과목의 시험을 치르는 것과 비슷해. 그 모든 과목의 경계, 장르의 경계를 넘어설 수 있는 것은 '독해력과 사고력, 의사소통능력'이라고 나는 생각해. 그래서 다양한 갈래의 작품과 현실 사례를 공부한 내용과 견줄 수 있기를 바라고, 그런 문제를 출제해.

셋째, 타인의 상황을 상상하고 공감할 줄 아는 능력. 문학 시험을 볼 때면 늘 이런 불만들이 있어. "어떻게 문학에 정답이 있어요. 사람마다 다른 것 아니에요?"라고. 나도 기본적으로 동의해. 그런데 각자 다른 생각과 느낌만 이야기한다면 과연 우리는 사회에서 함께 살아갈 수 있을까? 서로 다르지만, 많은 사람들이 공감하고 인정할 만한 내용이 있을 거야. '문학 작품 속 인물, 시적 화자의 상황을 현실처럼 상상하고 그 감정을 알아채는 힘'은 대부분의 사람들이 납득할 수 있는 바탕이 있어. '완전하게 맞는 정답'은 아니지만, '각 상황마다 공감할 수 있는 대답'은 가능하거든. 나는 문학 문제를 통해서 그 능력을 평가하기 위해 고민해.

시험이 끝나서 오늘은 몸과 마음의 긴장이 풀렸겠지? 오늘부터 이번 주말까지는 푹 쉬자. 쌓였던 스트레스도 풀고 부족한 잠도 채우고. 친구들과 마음껏 시간을 보내자. 그런 뒤에 이제 너의 삶을 생각해보면 어떨까. 생각을 해보는 것과 하지 않는 것의 차이는 꽤 큰 질적 차이를 만들어. 올해의 모든 시험이 끝났으니, 이번 겨울에는 정말 중요한 '너의 삶'을 생각해보자. 우리는 어디에 초점을 맞추고 살아야 좋을까?

덧말.

친구 이범근 시인은 이렇게 쓴 적이 있다. 겨울나무는 살을 발라낸 물고기 뼈라고. 정확한 문장을 인용한 것은 아니지만 그 말이 옳다고 느꼈다. 어제는 눈이 내렸다. 눈 내린 공터를 배경에 두고 겨울나무를 봤다. 그 뼈대가 뚜렷했다. 신기한 것은 바로 곁에 서 있는 나무의 골격이 모두 달랐다. 같은 나무라도 세상 속으로 뻗는 방식이 달랐다. 나는 너도 그렇게, 각자, 나름의 방식으로 세상을 향해 뻗기를 바랐다.

천재와 바보 사이에서

벌써 오늘이 올해의 마지막 날이구나. 너는 오늘 아침에 학교에 오면서 무슨 생각을 했을까? 나는 아침에 일어나자마자 샤워를 하고, 까칠하게 자란 수염을 면도하면서 생각했어.

'벌써 올해도 365번째 면도를 끝냈구나. 매일 자라는 수염을 깎지 않았다면 얼마만큼 자랐을까. 하루에 1mm는 자라는 것 같으니, 그대로 뒀으면 36.5cm는 자랐을지도.'

만약, 정말 깎지 않았다면 내 아내가 심각하게 화를 냈을지도 모르겠다.

배움과 깨달음은 매일 해야 하는 마음 세수일지도 몰라. 몸과 마음이 편한 상태로 지내면, 내 수염이 하루에 1mm의 속도로 슬금슬금 자라나듯이 나쁜 습관이 금세 우리의 몸과 마음을 덮어버리고 말 거야. 금요일부터 일요일까지 아무것도 안 하고 편하게 쉬어버리면, 월요일이 정말 힘든 것처럼. (나만 그런 것 아니지?)

지난 주말 하루는 책을 읽으면서 쉬었어. 문학평론가 신형철의 『슬픔을 공부하는 슬픔』이란 책인데, 「공자의 인간유형론」이란 글에 이런 내용이 있었어.

> 태어나면서부터 아는 사람이 상급이고, 배워서 아는 사람이 그다음이며, 곤란을 겪고 나서야 배우는 사람이 또 그다음이다. 곤란을 겪고 나서도 배우지 않으면 사람이 최하급이 된다. ("生而知之者上也, 學而知之者次也, 困而學之又其次也. 困而不學, 民斯爲下矣." 『논어』 「계씨편」)

태어나면서부터 아는 사람을 우리는 '천재'라고 부르고, 곤경에 처해도 배우지 않는 사람을 '바보'라고 부르지. 천재와 바보에게는 선생도, 배움도, 학교도 필요 없어.

나는 너와 내가 모두 두 번째, 또는 세 번째에 속하는 사람이라고 생각해. 그래서 배움과 질문을 통해 오늘보다 내일 더 나은 사람이 될 수 있다고 생각하고, 더 많은 것을 알 수 있다고 믿어.

지난주 금요일 종례시간에는 마음이 너무 불안하더라. 작년에 중3 담임을 했을 때가 떠올랐거든. 2학기 마지막 시험을 치른 중3 학생들은 정말, '이 세상 끝이다'라는 태도로 생활했어. 그래도 그때는 졸업이니까, 미리 부담을 주고 싶지는 않아서 속으로만 걱정했지. 그런데 요즘 너를 보면서, 혹시 작년의 그 기분을 누리고 있는 게 아닐까 하고 불안했어. 마치 곤란을 겪고 나서도 배우려 하지 않는 사람처럼 보였거든. 이제 정말로 너의 삶을 책임지고 살아갈 첫걸음을 내디딘 순간인데.

　나에게 너는 지금 이대로 멈춰 있을 사람으로 보이지 않아. 몇 번이고 말했지만, 너는 앞으로 무엇이든 될 수 있는 사람이니까. 지금 네가 서 있는 이곳, 1학년 6반 교실은 직선을 그리는 꼭짓점과 같아. 지금은 별로 차이가 나지 않는 1도, 5도의 각도일 수 있지만, 어떤 마음으로 얼마만큼 멀리 내디딜 것인가에 따라서 2020년의 네 모습은 놀랄 정도로 크게 다를 거야. 2019년 2월 28일까지 나는 너의 담임이니까, 고민이 있다면 부담 없이 연락하렴. 나는 너의 가능성을 끝까지 응원할게. 힘내자.

맛있는 학교생활을 위한 다정한 레시피

쪽지종례

초판1쇄 2019년 6월 28일 **초판2쇄** 2022년 10월 19일 **지은이** 이경준 **펴낸이** 한효정 **편집교정** 김정민 **기획** 박자연, 강문희 **디자인** 화목, 이선희 **마케팅** 안수경, 임지나 **펴낸곳** 도서출판 푸른향기 **출판등록** 2004년 9월 16일 제 320-2004-54호 **주소** 서울 영등포구 선유로 43가길 24 104-1002 (07210) **이메일** prunbook@naver.com **전화번호** 02-2671-5663 **팩스** 02-2671-5662 **홈페이지** prunbook.com | facebook.com/prunbook | instagram.com/prunbook

ISBN 978-89-6782-091-6 03370
ⓒ 이경준, 2019, Printed in Korea

값 14,300원

이 도서의 국립중앙도서관 출판예정도서목록(CIP)은 서지정보유통지원시스템 홈페이지(http://seoji.nl.go.kr)와 국가자료공동목록시스템(http://www.nl.go.kr/kolisnet)에서 이용하실 수 있습니다.
CIP제어번호 : CIP2019023031

이 도서는 한국출판문화산업진흥원 '2019년 우수출판콘텐츠 제작 지원' 사업 선정작입니다.